LES MOTS ET LA CHOSE

DU MÊME AUTEUR
(parmi les derniers ouvrages parus)

Le Mahabharata, Belfond.
La Force du bouddhisme (avec SS le Dalaï-Lama), Robert Laffont.
La Controverse de Valladolid, Plon.
Le Cercle des menteurs, Plon.
Le Vin bourru, Plon.
Dictionnaire amoureux de l'Inde, Plon.
Entretiens sur la multitude du monde, avec Thibault Damour, Odile Jacob.

Jean-Claude Carrière

Les mots et la chose

Le grand livre des petits mots inconvenants

Plon

ISBN 2-259-19780-9

Paris, le 3 septembre

Chère Mademoiselle,

Je vous remercie de votre lettre, qui m'a profondément touché, et qui est venue secouer la torpeur du vieil homme que je suis (mais que je n'ai pas toujours été).

La thèse à laquelle vous faites allusion, et qui est aujourd'hui introuvable, s'appelait exactement *Considérations sur l'évolution du vocabulaire érotique en France*. Je l'ai publiée il y a longtemps déjà et j'oserai dire qu'aucun travail ne l'a surpassée. Bien entendu, un certain nombre d'expressions nouvelles ont surgi depuis cette date, car une langue est chose vivante, mais dans la mesure du possible je me suis tenu au courant.

A mon livre, ainsi, s'ajoutent des notes. Elles traînent un peu partout autour de moi.

Il me semble donc que je puis répondre au souci qui vous agite. Vous craignez qu'il ne m'apparaisse « singulier ou déplacé ». Rassurez-vous : je suis heureux de vous venir en aide et de déposer ma modeste science à vos pieds, que j'imagine charmants.

Il n'y a pas de sot métier, mademoiselle. Il n'y a que de sottes gens. Vous vous occupez donc, si j'ai bien compris, de « synchronisation », de « doublage » de films étrangers à caractère, dites-vous, délibérément pornographique, et vous regrettez la pauvreté du vocabulaire mis à votre disposition. Nul ne saurait vous comprendre mieux que moi. Il m'est arrivé de me glisser, une ou deux fois, depuis que je suis à la retraite, dans une de ces salles de cinéma classées X et j'en suis sorti profondément désolé sinon par ce que j'avais vu, mais par ce que j'avais *entendu*. Ce sont toujours les mêmes mots usés et vulgaires. Le relief des formes n'a d'égal que la platitude du langage.

Et pourtant, mademoiselle, croyez-moi, notre belle langue française possède en ce domaine de véritables trésors, que nul n'exploite. Si nous prenons par exemple l'expression *faire l'amour*, dont vous avez certainement l'usage et que traduit sempiternellement le verbe *baiser*, lequel ne prit son sens actuel qu'au dix-septième siècle, remplaçant peu à peu le très célèbre *foutre*, nous pouvons trouver immédiatement une foule de synonymes pittoresques et délicieux, ainsi, dans le langage des couturières, le mot *enfiler*, ou, pour rester dans le domaine artisanal, *emmancher* et *limer*, qui sont fort usités, de même *planter, triquer, tringler, darder*, sans oublier *niquer*, qui est populaire et qui a son charme [1]. On dit aussi *se faire niquer,*

1. En ce qui concerne *planter*, je me permets de vous rappeler le début très optimiste d'une fable de La Fontaine : « Un octogénaire plantait », presque aussitôt suivi, il est vrai, par le vers célèbre : « Passe encor de bâtir, mais planter à cet âge ! ».

se faire troncher, se faire trombiner, toutes choses intéressantes, ainsi que — je ne vous les rappelle que pour mémoire — *se faire prendre, se faire foutre* et *se faire mettre* (avec la variante *se le* ou *se la faire mettre*), et *ramoner*, toujours artisanal (« Ma petite cheminée aurait bien besoin d'un bon ramonage », écrivait je ne sais plus qui). Le mot le plus fort, de l'avis général, reste *piner*, qui peut être assorti d'adverbes (*profondément, posément, méthodiquement*, ou au contraire, selon les goûts et les inclinations, *férocement, impitoyablement, à l'aveugle, jusqu'à la garde, jusqu'à la gorge*, etc.). Mais il ne faut pas négliger certaines expressions courantes et populaires comme *coxer, sauter, se farcir, se fader*. Chez les tonneliers, *on se fait défoncer*. Chez les armuriers, on aime *fourbir*. Chez les matelassiers, on préfère *bourrer*. On dit aussi tout simplement *se faire*, comme dans la phrase bien connue : « *Je me la suis faite*. » Et bien entendu *se taper*.

Dans divers corps de métiers, menuisiers, serruriers, on peut *se faire façonner, cheviller, mortaiser*, si on est toujours sensible à l'artisanat. Un peu partout, on peut *se faire loger* (c'est parfois gratuit) et *livrer*, pas forcément à domicile.

On peut *coucher*, on peut *dormir ensemble*. Ce sont là des manières de dire, et non de faire.

Trousser et *culbuter* ont un parfum de campagne, qui est loin d'être déplaisant. Il en est de même pour *labourer*, pour *greffer*, pour *cueillir*, pour *fouler*, pour *piocher* (« Bonne pioche », écrit Flaubert à son ami Feydeau), pour *donner un coup de guiseau, donner le picotin et bâiller du foin à la mule*, pour *battre son beurre*, pour *se faire traire* (généralement à l'aide des mains), pour *aller voir la feuille à l'envers*, qui est si expressif (on croit entendre les oiseaux dans les branches) et pour *effeuiller la marguerite*. Je suis personnellement moins sensible à *usiner*, à *calibrer*, à *charbonner*, qui rappellent fâcheusement le monde ouvrier du dix-neuvième siècle.

Je vous signale à toutes fins utiles quelques vocables plus anciens, quelque peu tombés en désuétude, comme *caramboler, rouscailler, ourser, paillarder, fricoter* (qui, paraît-il, connaît un renouveau dans la jeunesse des écoles), *racoutrer* et *ripper*. Dans le trésor de nos poètes lyriques du seizième et du dix-septième siècle, si tragiquement oubliés, on trouve *accoler* (« Un jour que j'accolai ma mie »), *enquiller* et le ravissant *faire la grenouille à l'envers*, que nous devons au sieur de Sigognes (je ne plaisante pas).

On peut, et pas seulement à Noël, *mettre le petit Jésus dans la crèche*. On peut dire aussi *s'appuyer, se pointer une fille, jouer à la renverse, au trou-madame, à touche-pipi, à papa-maman, au repeuplement, à la bagatelle, au docteur*. On trouve dans Rabelais *faire la bête à deux dos, jouer à serre-croupière, se faire ratoconniculer*, dans Shakespeare (*Mesure pour mesure*) *tâter la truite dans un ruisseau privé*, dans Marcel Proust *faire cattleya* (du nom d'une fleur au corsage d'Odette) et *se faire casser le pot* (qui offre un sens assez particulier).

On joue aussi — pardonnez l'incohérence de cette lettre — *à mont'là-dessus, à la chatte perchée, à tourne-retourne, à patin-couffin, au bilboquet, au golf-miniature, à cricon-criquette, au luth renversé* et même à *la conjugaison* (verbes réguliers et irréguliers).

Le langage religieux utilise de préférence *forniquer* et *copuler*. Il dit aussi *faire œuvre de chair, connaître charnellement. Polluer* et *fauter*, bien sûr. En certaines occasions précises, les hommes d'Eglise utilisent le latin, qui brave l'honnêteté, c'est bien connu. Mais je suppose que le latin ne peut guère vous aider dans vos doublages [1].

C*onnaître* est biblique. C'est un classique dans l'histoire de l'euphémisme. De là vient l'expression *sa connaissance*, qui n'est pas forcément profonde, ni sérieuse, mais qu'on peut perdre.

On peut aussi *donner l'aubaine, faire la danse à plat* et *bourriquer*, pour les impétueux (l'âne est connu pour ça). De toute manière on *fait la fête*. Quand on est jeune, il est d'usage de *jeter sa gourme*, allusion à une maladie des jeunes poulains.

Après la Seconde Guerre mondiale, les soldats américains en Europe disaient fréquemment faire *zig-zig*. J'en ignore la raison. Toutes

1. Si toutefois l'occasion se présentait, je pourrais vous prêter le remarquable *Glossarium eroticum linguae latinae*, de Pierruges, que je possède dans l'édition de 1826. C'est un ouvrage de base.

mes recherches sont restées vaines. Mais j'ai découvert que dans le monde du cirque on dit, encore aujourd'hui, faire *zag-zag* (avec un accent allemand).

Un mot ancien, que j'allais oublier, est *fournir*, qui est transitif ou intransitif. Restif de la Bretonne employait souvent *fourgonner, perforer, emboucher*. On dit aussi *y aller de son va-tout* et, beaucoup plus simplement, *y passer*.

Autres mots anciens (on ne sait jamais, vous pouvez travailler sur des films en costumes), *goder, gimbretter, embrocher, triquebiller, godailler, goupillonner, guiser* (« Monsieur, faites à votre guise »), *courter, verger, rivaucher, miser, béliner, ponifler, brimballer, bistoquer*. Chez Rabelais encore, il arrive qu'on se fasse *carillonner* (quand ça fait du bruit). Ailleurs on trouve *caracoler, caramboler* (le billard est un jeu qui se joue parfois avec des trous, et toujours avec des boules). Très savants sont *hubir* et *inir*. Je ne vous les conseille pas. Ni *beluter*, qui ne veut plus rien dire.

Mais pourquoi négliger *décrotter, calfeutrer* (pour les trous dans la coque) et *débarbouiller* ?

Pourquoi pas *saboter*, qui vient d'un pied qu'on met dans un sabot, et non pas d'un acte de sabotage ? Et même *fringuer, se faire caser*, se faire *savonner* (même si on est propre), se faire *sangler*. Pourquoi ne pas *se faire ravauder, carabiner, godiller, engainer*, tout aussi bien *se faire travailler* (mais que c'est vilain d'être égoïste !), *se faire chapoter*, qui a comme un écho d'un conte de fée, se faire *chahuter, trancher, arranger, badigeonner, boudiner* ? Pourquoi ne pas se faire *baratter*, auquel cas *on y va de son beurre* ? Pourquoi ne pas *casser un œuf, se faire boucher la brèche*, ou *la fente, se faire passer sur le ventre* ? Pourquoi, aux soupirants, ne pas accorder *l'aumône amoureuse* ?

Quand il arrive à une dame, comme disent nos bons auteurs, d'avoir *la praline en délire*, ou *la moule qui bâille*, ou *l'abricot en folie*, ou *le bouton qui fait robe à queue*, si tout ça *lui porte à la peau*, pourquoi ne pas *pousser un argument* et *jouer à cul contre pointe* ? Pourquoi ne pas se faire *cueillir la fraise* et se faire aussi *buriner la trappe ?* Pourquoi ne pas en profiter pour se faire *mettre une corde à l'épinette* et parvenir ainsi au bon accord ? Pourquoi ne pas se faire *river son clou*, au lieu de rester entrouverte, et exposée à tous les vents ?

Quand une femme est ferme des rognons, comme on le disait autrefois, pourquoi ne se ferait-elle pas *cliqueter*, ou même *cramper*, et *mouiller la fesse* ?

Voici *incruster* pour les chers orfèvres, *harponner* pour les baleiniers, *ajuster* pour ceux qui recherchent la précision, *éperonner* pour les pirates, *enclouer* pour les croque-morts, *asperger* pour les vieux farceurs, *écouvillonner* pour les artilleurs, *embriçonner* pour je ne sais qui et *paffer* pour un peu tout le monde.

Et *seringuer*, pour les apothicaires. Et *enquiller*, pour les adroits.

Si nous disons *faire la danse du loup*, c'est parce que cet animal se glisse souvent la queue entre les pattes. *Monter sur la bête* me paraît clair, tout comme *faire la culbute*, *danser sur le ventre* et *faire passer par les piques* (souvenir douloureux de nos guerres de religion). *Dauber les fesses* signifie, je vous l'apprends peut-être, frapper à grands coups. Cela suppose de la vigueur [1]. *Dauber les matassins* fait allusion à une danse ancienne, qui parodiait les militaires. Molière en parle dans *Pourceaugnac. Planter le mai* rappelle la plantation d'un arbre, au mois de mai ou à tout autre mois. De toute façon, on arrose.

Hélas, malgré toute mon application, je ne sais pas pourquoi on disait aussi *mettre Villejuif dans Pontoise*. Pour *bouleverser* sa maîtresse, peut-être ? Pour lui faire *perdre le nord* ?

Aucune difficulté pour *faire la planche* (mais l'image manque de relief), pour *faire une partie de traversin, jouer des orgues* (allusion aux tuyaux), au *piquet* et *à la fossette*, pour *mettre la cheville dans le trou, laisser aller le chat au fromage* et *tremper son lardon dans le lèchefrite. Enfoncer des portes ouvertes* se dit quand on n'a aucune surprise. *Haler du dos* a quelque chose de pénible. On voit des esclaves tirant des péniches.

1. *Tabourer des fesses* offre un sens voisin, avec en plus le bruit des tambourins.

Se *démœller* est rare, un peu fort pour mon goût. On peut aussi *donner de l'huile de reins*, du *lait d'origine*. Chez Apollinaire, on se fait *arcer*. Chez Saint-Simon, *on bat le velours*.

Dans nos campagnes, on assure d'une jeune fille qui s'est déjà livrée à l'exercice *qu'elle a vu péter le loup*, ou *passer le train*, ou *rougir le petit timide*. Elle a pris *un coup de traversin*, elle a *rôti son balai, sauté le ruisseau*. Elle a *brisé sa tirelire*, l'imprudente. Adieu, son petit capital.

Certains hommes frileux peuvent, de leur côté, parler de *se la mettre au chaud*. Dans les milieux coloniaux, on disait : *se la mettre à l'abri des moustiques*.

D'autres préfèrent *exécuter* une fille, comme on disait à Saint-Germain-des-Prés dans les années 1950, *aller à dada* ou *au radada, aller au choc, aller à pinada* (très belle époque), *tremper le biscuit* [1], *le pain, le panais* ou *mener le petit au cirque*. On dit aussi *faire ça, faire boum* (Huys-

1. Le biscuit, mais aussi la biscotte. D'ailleurs, *biscotter* existe. Je l'ai rencontré.

mans lui-même, si je me souviens bien), *aller aux cuisses, faire une pirouette sur le nombril, filer un coup dans la sanguinolente.* Je n'oublie pas *faire pan-pan* et même *faire zizi pan-pan*, qui parle à l'oreille.

Quand un homme *est en queue*, comme on dit, ou *dur de la pince*, autrement dit quand il *bande*, quand il a la *gaule, le dardillon, la trique, la canne, le gourdin* et tous les objets durs que vous voudrez, quand il a *de l'uranium dans le greffier* (ce qui déjà suppose une certaine formation juridique ou scientifique), quand pour montrer son impatience *il met le flageolet à la portière*, quand, *porté sur l'article, il tape de la patte* (comme un lapin de chasse), quand il *allume son pétrole*, quand *son baigneur veut piquer une tête*, quand il veut *donner un coup de tromblon*, quand il est *armé, dur de la pointe* et veut *lâcher ses trois gouttes d'eau chaude*, quand il *grimpe aux rideaux*, quand il veut (j'espère que vous arrivez à me suivre, je me suis lancé dans une très longue période) *égoutter le colosse, abreuver le courtaud, écrémer le Cyclope* (image qui me paraît assez bien vue, ma foi), quand il ne pense qu'à *jeter la purée*, qu'à *dérouiller le petit frère, lâcher son chien* et *se faire défromager le minaret* (en prenant garde aux fondamentalistes), quand *la pâte est levée*, quand il a *la colique cornue*, alors il *prend son fade*, il *pousse une moulure*, il *saccade* une fille, il la *zigue*, il la *lubrifie*, il se *l'appuie*, il *ronfle avec* (un peu plus tard, de préférence), il *lui donne la rincée, la rincette,* il la *met à mal*, il la *met en œuvre*, en un mot, il *fait son devoir*.

Quand une dame accumule les obstacles, il faut quelquefois *la sauter.*

Au Sénégal, on dit avec simplicité : *c'est l'homme qui retourne ma sœur*.

Voici maintenant une phrase très belle qu'on m'assure avoir entendue. Elle était, hélas, destinée à autre oreille que la mienne. Elle disait : « Ouvre-moi en deux avec ton grand couteau de velours. »

En auriez-vous l'usage ?

On peut *accrocher* une femme, et l'*accommoder* (mais à quelle sauce ?). On peut *s'aboucher* avec elle, et pas seulement par la bouche. On peut *faire l'acte, prendre du fruit, aller à dame, aller à Cythère* et aussi (ah, quelle beauté...) *aller au bonheur.*

Oui, mademoiselle, cela va du vulgaire au sublime, du très grossier au raffiné. Cela va de *se frotter le lard* et *administrer une douche*, qui sont bien bas, je vous l'accorde, à *jouer à la joie du monde* et *entrer dans la vieille danse.*

Ces deux derniers me semblent magnifiques. Et j'aime aussi, par-dessus tout peut-être, qu'on appelle l'amour *le pain des pauvres gens.* Deux corps nus n'ont besoin de rien pour *se raconter le plaisir du monde.* Et même pour *s'asseoir sur le trône du plaisir*, comme des rois.

Reprenons notre itinéraire.

Une expression qui reste pour moi mystérieuse, c'est *jouer les noces du chien.* On peut aussi *jouer à cul levé, passer* ou *faire passer le pas, arracher son pavé* et *consommer le sacrifice.* Ce sacrifice, vous le pensez bien, s'adresse généralement à Vénus.

On peut aussi *fêter la Saint-Priape*. Ne le cherchez pas au calendrier.

On peut *célébrer la messe du soir* et, pour ceux qui gardent des émotions d'enfant de chœur, commencer par *chanter l'introït*.

Brutalement, on peut *se cogner une fille* (à cause, peut-être, des bosses ?), on peut aussi *se coller* ensemble et *pratiquer la conjonction*. On peut la *croquer*, l'*exercer*, on peut *se l'envoyer* et même l'*expédier*, en cas d'urgence. Il y a aussi *la douce affaire*.

On peut *causer*, on peut *jouer du mirliton*, on peut tout simplement *faire zon*. Chez une dame de lettres contemporaine, Geneviève Dorman, j'ai trouvé faire *une partie de tagada*. Elle ne dit rien des *tsoin-tsoin*.

Aimez-vous les particularismes ? Avec une fille de joie, on *va au gratin*. En Franche-Comté, on a coutume de *faire la zizette*. Parmi les usages de la jeunesse d'aujourd'hui, dont les origines me sont naturellement inconnues, mais que j'enregistre avec conscience, je note *faire crac-crac* et *faire tam-tam la galette.* Peut-être auriez-vous quelques lueurs sur ces étrangetés ? Dans les banlieues, me dit-on, ils mettent tous les mots à l'envers. Mais font-ils la chose à l'endroit ? En tout cas, ils disent *trouer* une fille. Et ils vont jusqu'à la *brûler.*

J'ajoute, toujours en désordre (mais je suis né désordonné), *faire une façon, faire des galipettes, rompre une lance, danser sur le ventre, tirer le carton, porter une botte, jouer des basses marches et chevaucher sans selle.* On peut *plonger dans le canal,* si on sait nager.

On peut — c'est une question d'organisation — *avoir commerce.* On peut aussi *tenir congrès.* Dans les meilleurs des cas, pour les dames surtout, *on fait la prière*, sans garder nécessairement les mains jointes.

D'une femme qui le prend de haut, on dit qu'elle *s'assied sur le bouchon,* en attendant sans doute que ça saute. Avant la guerre, avec une chaise, cela s'appelait le *tire-bouchon américain.*

Autrefois, la mettant sur le dos, on lui faisait *compter les solives*.

Si on opère dans le noir, on va *mettre la taupe au guichet*, et même quelquefois *la belette*.

Quand ça tarde à venir, on *fait le serrurier*, qui prend tout son temps avec son trousseau. On peut ensuite *festoyer,* parfois jusqu'à l'aube. Encore auparavant est-il plus prudent d'*accorder sa flûte*, d'*affiler le bandage*, voire d'*allumer la chandelle*. Pour *faire l'amusette*, qui précède le sérieux, il est bon d'*avoir la queue verte,* et de la garder. Sinon, comment *trouver la jointure* ? Comment *désaltérer le roussin* ?

Amusante analogie religieuse, qui nous vient curieusement d'Afrique du Nord : *manger du pain de fesses*. Pour rester dans le Maghreb, voici *jouer à la balançoire*. Plus bas, à Dakar, on *fait la secousse*.

Jean Carmet, qui était un homme de vocabulaire, aimait par-dessus tout *se faire éponger*. Il se disait *bon abatteur de bois*. Je lui racontai que, chez les chauffeurs de taxi, on disait naguère d'un endurci qu'il pouvait *courir trois courses sans baisser le drapeau*. Il me répondit par quelques métaphores cyclistes. Quand on *tire sur le guidon*, c'est que ça peine. Pas question de briguer le *trophée du meilleur grimpeur*. On se contente de *faire la course en queue*.

Pour les marins, quand ils se déboutonnent, ils *montrent leur degré de longitude*, qui est variable, et quelquefois sensible au vent.

Quand un colporteur a une amie, il se la *coltine*. Et c'est quelquefois très lourd, dans une hotte. Quant au peintre, il la *badigeonne*.

On dit aussi *se payer une fille*, ou un homme. Et on peut même *se l'offrir*. On arrive ainsi à la *posséder*, ce qui a quelque chose de bourgeois. La propriété, c'est le viol.

Pratiquer le *coït, coïter, s'accoupler* et *s'unir* sont d'une grande banalité. Je ne les cite que pour mémoire. A l'opposé, dans le trésor des régionalismes et des expressions corporatives, je retiendrai volontiers *se faire saucissonner, tremper sa mouillette, se faire tamponner le butoir* et *y aller au piston, se faire grimper* (pays de montagnes) et dans le langage militaire *sabrer, fourrager, pourfendre, hussarder, cosaquer* et *passer sur le corps*, tout cela en *vidant son chargeur*, ou bien *sa culasse.* On entre ainsi dans *le champ de bataille*. C'est pourquoi les filles se font *cibler* et surtout *tirer*. Je note *enfourner*, pour les boulangers et les mitrons. J'ajoute *folâtrer* (qui est assez mignard), *s'envoyer en l'air, faire une partie de jambes en l'air* et, dans le langage des cuisiniers (outre *farcir*, déjà cité), *embrocher, larder, récurer, faire revenir à feu doux* et *passer à la casserole.*

Au chapitre du modernisme, dans un roman de Virginie Despentes, j'ai trouvé *sexer,* employé transitivement. Et ailleurs *verger.*

Enfin, le plus courant de tous, mais non le moins beau, *faire la chose.*

On dit au Japon *la cérémonie* et *la mélodie affectueuse.* Il est aussi question de *l'acte de chambre* et du *bon échange.*

Un mot ancien, très largement utilisé, est *besogner*. Il ne me plaît guère. Je lui trouve quelque chose de laborieux. Je préfère *bouquiner*, plus rare, qu'on trouve dans Ronsard aussi bien que dans Mirabeau, et qui a quelque rapport à mon oreille avec les pieds fourchus des satyres.

Dans le langage manouche, qui est fort secret, on dit *bavouiller*. Une femme qui ne rechigne pas est une *bavouilleuse* ou une *bavouillaveuse*. Dans d'autres milieux on dira *qu'elle n'est pas une boudeuse, qu'elle aime ça, qu'elle ne dit pas non, qu'elle est saute-au-paf, une bonne, une excellente, une exceptionnelle affaire*. On peut dire tout simplement qu'elle est une *Sésame*, qui s'ouvre quand on le lui demande (selon la formule). Je passe rapidement sur certaines expressions banales, une *redoutable,* une *dévoreuse,* une *engouffreuse,* une *insatiable*, et je m'arrête presque aussitôt, car les mots qui désignent une femme de mauvaise vie (quelle sinistre expression !) sont innombrables. Rien n'est plus limité que le vice, affirmait le baron de Charlus. Rien n'est plus infini que les mots qui servent à en parler. D'une femme qui aimait l'amour, on disait dans ma jeunesse : Elle est *bath au pieu*. Le dit-on encore ? Je l'ignore. Les mots ont changé. Mais les choses ?

Je vous signale encore, car vous ne le savez peut-être pas, qu'on peut dire d'une femme qui a longtemps pratiqué l'exercice : *Elle a beaucoup d'heures de vol*. Et même : *Ah, sa fourrure a vu du monde !*

Pardonnez cette digression.

Procédant sans ordre — mais au fond le désordre est une sorte de culture : quoi de plus désordonné que l'*Encyclopédie* ? —, je mets à côté du langage des bohémiens *tenir ses ébats*, qui est très ancien, et aussi *tenir ses déduits*, qui est assez fréquent au seizième siècle (« Toute la nuit, ils tinrent grand déduit. »).

Enfin — où ai-je la tête ? —, j'allais oublier le très beau *calcer*, qu'on écrit quelquefois *calecer*, et bien entendu *tirer un coup, tirer une crampe, en tirer un, en prendre un coup dans le beignet, dans le fion, dans le ventricule*, et dans tout étui que vous voudrez, ainsi que *saillir, monter* et *couvrir*, qui font plutôt vétérinaire. Et *furer*, qui est assez rustique.

Un dernier mot pour *bourrer* et pour *fourrer* (« Voici ton vrai fourreau », dit la Juliette de Shakespeare) et pour quelques expressions moins courantes, dont vous ferez ce que vous voudrez, *se faire empaffer, se faire enconner, se faire machiner, se faire travailler au corps, se faire polir le tunnel, se faire astiquer les méandres, se faire vernir le vestibule* et dans le langage des postiers, *se faire emboîter*.

Les soirs d'orage, *on met la chatte sur le paratonnerre*. Elle y sera vite mouillée.

On peut aussi *donner du bâton*, au propre comme au figuré, et *laisser passer les olivettes*, pour ceux qui ont gardé le goût de la ronde. Si l'on veut souligner que la pratique est fréquente, mais peu soignée, avec même des maladresses, on dit *queuter*. Si l'on insiste sur le peu d'importance accordée à la chose, on dit *baizouiller, bricoler*. Les jours mous, on *trempe sa nouille*. On *s'embourbe*, chez Jean Rigaux, qui fut inventeur fertile dans ce domaine.

Chez les menuisiers et les tonneliers, pour souligner un manque d'expérience, on *se fait trouer*, ou *décapsuler*. Quant aux meunières, elles se faisaient *moudre*.

Je vous signale *foutimasser*, qui est péjoratif au dix-huitième siècle : égaré dans un récipient trop grand pour lui, celui qui foutimasse ne fait rien de bon pour personne.

Chez les pinardiers, on dit indifféremment *se faire boucher* et *se faire mettre en perce*, expressions qui ne sont contradictoires qu'en apparence. Quand vient la canicule, *on se fait arroser*, chez les amateurs de jardins. On *prend une averse d'amour*, et ça rafraîchit.

En langage très familier, on *en prend un coup dans les échauguettes*, ou *dans le milieu*, ou *dans le caleçon*, on *se fait enfourcher*. Les cavaliers eux aussi *montent, chevauchent* — et il leur arrive de cravacher. D'autres, simplement, *se font dégonfler* ou *dégraisser*. Ils se *soulagent*, non sans un grand soupir. Le désir sexuel peut être un tyran, dont l'âge peu à peu vous libère.

On peut aussi *en prendre un petit coup dans les baguettes*. Pourquoi les baguettes ? Je ne sais pas.

Je m'arrête ici, chère mademoiselle. Dans le grand fouillis où je vis, j'ai sans doute égaré une partie de mes notes. Vous pardonnerez donc mes oublis. J'espère néanmoins que j'aurai pu vous être utile (sans toutefois le joindre à l'agréable) aussi bien pour votre travail que pour votre instruction personnelle.

Ma nomenclature n'a rien d'exhaustif. Chacun peut y introduire — tiens, j'ai oublié *se faire introduire, se faire pénétrer, se faire visiter, se faire vriller*, et qui sait quoi encore — ses propres inventions. C'est même souhaitable. Une langue ne vit que par ceux qui l'inventent.

Je me tiens à votre disposition et je vous prie de croire à mes sentiments — et à mes connaissances — très dévoués

PS : Vous m'avez gentiment proposé une rétribution. Certes, la retraite d'un professeur n'est pas grasse. Mais je suppose que vos appointements n'ont rien de mirifique. C'est pourquoi je vous dis : faites de ma lettre ce que vous voudrez ; et sachez — je plaisante, bien sûr — que j'accepte des paiements de diverses natures.

Paris, le 19 septembre

Très chère Mademoiselle,

Je suis littéralement enchanté que ma lettre vous ait intéressée au point, dites-vous, de l'apprendre par cœur. Et certes le vocabulaire est une bien belle chose. Il est une tentative de possession de l'univers. Un jour, si l'occasion s'en présente, je vous parlerai des mots et des amours que nous eûmes ensemble.

Pour le moment, revenons à notre travail. Si ma liste des mots et expressions désignant l'acte d'amour vous semble assez complète, vous me reprochez d'en être resté là ! Pitié pour la solitude où je vis : comment pouvais-je supposer que vous désiriez également les mots qui désignent le sexe, masculin et féminin ? Ou plutôt : comment n'y ai-je pas pensé ?

Réparons vite cet oubli.

Commençons par le sexe qu'on dit beau, deuxième et faible. On l'appelle généralement *le con*, qui vient selon de bons auteurs du latin *cuna*, qui veut dire berceau et qui ne s'est appliqué aux imbéciles que plus tardivement. On a pris coutume de traiter de cons, en effet, les hommes qui attachaient trop d'importance à leur berceau de chair. Mais le mot lui-même me semble fort beau, contrairement à l'opinion courante, et délicieux le diminutif *le conin*, ou *connil*.

Outre *le con, la chatte, la motte* et *la touffe* sont les plus usuels. On peut aussi dire tout simplement *l'affaire* et, plus joliment, *l'autre chose*. Mais permettez-moi également de vous rappeler *le triangle*, qui a quelque chose de musical, *la toison*, et un mot ancien fort charmant, *le pertuis*, qui peut conduire au *centre des délices*.

On utilise également *la figue* — c'est un italianisme —, *l'abricot*, *la pêche*, *la prune* (généralement tous les noms de fruits), *la mûre* (à partir d'un certain âge), et un grand nombre d'expressions qui évoquent un paysage campagnard, agréable et humide, par exemple *le vallon, l'amoureux ruisseau* (Ronsard), *le doux paysage, le petit jardin, le mamelon, le petit mont d'amour, le Mont de Vénus*. En une large vue d'ensemble, on a dit pendant longtemps *le théâtre de la nature*, ou tout simplement *la nature*. Dans ce théâtre, si l'on s'y promène, dans ce *champ*, dans ce *parterre*, on peut parler de *la cressonnière, du précipice* (attention, vertige !), du *tunnel de la motte*, de la *fontaine du plaisir*. La *pelouse* est un usuel, tout comme le *gazon*, la *rose* et le *nid*. On peut parler de *la forêt humide*, d'*un coin bien boisé* (et d'*un conneau*, et d'*un connichon*), du *clapier* et de temps en temps de *pluviôse*. C'est *le verger de Cypris* aussi bien que *le port de Cythère*. C'est *la beuvoire de Vénus*, c'est même *la vigne du seigneur*. Ici, certaines soifs s'apaisent.

C'est aussi *le hérisson*, surtout quand il sait se défendre, *le petit lapin*, très agile, et la *marmotte*, plus assoupie. C'est *le mont fendu, le mont velu* et *la niche du Diable*. C'est *la crevette, l'écrevisse* et *le ruisseau rose*. J'y ajouterai *la source, la mousse* (ou *le moussu*), *le riant bocage*. Tout cela tourne autour du jardin et de l'eau, comme *le moulin*, comme *le fossé*, comme *le puits d'amour*, qui est aussi un gâteau, comme *le baba*. Chez un anonyme du dix-septième siècle, j'ai trouvé *le touffu ermitage*, où l'on aimerait faire retraite, et quelque part *le tunnel de la morte*, qui m'épouvante.

La fleur peut s'employer aussi dans ce sens-là. Mais elle signifie également la virginité, que tout semble destiner à la perdition. Comme *la parenthèse*, qui s'ouvre et se ferme. Comme la *bonbonnière,* où on chaparde des douceurs.

Ajoutons, parmi les dénominations courantes, mais sans rapport avec un paysage, *la moule, la chagatte, la cramouille, le frifri, la grotte-à-papa,* avec bien entendu *le minet, le minou, la minette* (ces trois derniers en rapport évident avec *la chatte* [1]) et ce mot délicat du dix-huitième siècle, que j'allais oublier, l'ayant pourtant sur le bout de la langue, *le sadinet*. Il vient de sade, qui voulait dire souriant et de belle humeur, tout le contraire de maussade. Je complète ce paragraphe avec *la mouillette, la friandise, le feuilleté* et *le carquois*. Pour faire bonne mesure, citons *la chaufferette, le mortier, le golfe* et *l'éternelle cicatrice*.

Quelques curiosités, avant d'aller plus loin : *la salle des fêtes* (où il est bon de faire son entrée avec quelque raideur), *l'escargot dans le crêpé*, qui va lentement son chemin, ou le même *dans la coquille, l'anneau d'Hans Carvel*, que nous rapporte Alfred Devau, un érudit du siècle dernier, l'ayant pêché dans les eaux riches de Rabelais. Je vous propose également *l'escalope à crinière*, très imagée, *les Pays-Bas*, très inondables, *l'hiatus*, parfois qualifié de *divin, Messire Noc*, qui se lit dans un autre sens, *le bonnet du grenadier* (à cause des poils, j'imagine), *le but d'amour* et *l'étoffe à faire la pauvreté* (gare à qui s'en vêt).

1. On dit aussi *le chat* ou *le chas* d'aiguille, selon qu'on veut le caresser ou l'enfiler. Et en anglais, le *pussy cat*.

Toujours chez Rabelais : *la ratouère* (que les souris se méfient de la chatte). Et aussi *le callibistri, l'aumoyre, le corbillon*.

En argot de la morgue : *le croximagoin*. Dans un poème de Boris Vian : *le coinstaud*. L'auteur, avant de « crever », souhaitait en connaître de « bizarres ».

Pierre Desproges a voulu lancer le *piloupilou*, mais ce n'est pas allé très loin.

Des familiarités ? En voici à pleins seaux : *le zibounet, le bigoudoche, le radada, la trilipette, le chou, la chounette, la didine, le trou chéri* [1], *le canichon, le berlingot* et *la pissette*. Dans nos banlieues, *le steack éclaté*. Et *la choune*, et le *rez-de-chaussée*.

Dans une chanson des années 1920, on parlait d'un certain *ziguigui*, qu'une dame « tenait de sa mère ». Apollinaire cite *le cagaron*. La *vallée paphienne* est un rien cuistre, comme *la cymbe*.

1. Tous les *trous* sont ici acceptés, du *trou-madame* au *petit trou pas cher*, avec, pour les astrophysiciens, *le trou noir*, avaleur d'énergie.

Une énigme : *le Sénégal*. Tous les bons auteurs l'ont cité. D'où cela vient-il ? Je l'ignore. Faut-il le rapprocher de cette autre expression : *le noir ?*

Pour les tempéraments religieux, voici *l'autel*, qui peut être *l'autel de la nature* (toujours elle) et *le maître-autel*. Existent aussi *le tabernacle*, qu'on ouvre avec respect, *la chapelle, le calice* et *le bénitier*, sans oublier *la divine ouverture* et surtout *le vase de propagation*, le seul légitime.

Quant au *bréviaire*, certains en tournent chaque jour les feuillets. Au passage, ils regardent les images pieuses.

Pour celles qui mendient l'amour, voici *l'écuelle*. Parmi les instruments et récipients, qui sont toute une batterie, vous avez le choix entre *le bassin* (qui est toujours supposé large), *le bissac, le baquet, le petit vase, la citerne, le creux, le creuset, le chaudron, la boursavit*, qui porte bien son nom, et *l'entonnoir*, par où tout se remplit. Très importante est *la conque*, qui est *la concha* espagnole, que les pèlerins de Santiago de

Compostela accrochaient tous à leurs longs bâtons. J'ajoute *le manchon* et son compagnon *le trou velu*. Et je finis avec *la cage*, qu'on peut aimer plus que la liberté. Rappelons-nous Merlin, qui se fait enserrer par Viviane dans une « prison d'air », dans un château que personne ne voit.

En manouche, on parle assez souvent du *mincho* ou de *la minchette*. En Orient, nous attend la fameuse *auberge du père Mansour*. Les Chinoises évoquent leur *petit bateau*. On dit aussi *le Bengali* (allusion à quelque tigresse ?). En restant chez nous, voici *la grange*, où on se roule dans le foin. Et aussi *la boutique*, et *la fressure* et *le bissac* et *la guérite*, et *la serrure*, et *l'atelier*. *La casemate* et *la citadelle* défient l'attaquant.

J'aime *l'âtre* et *la cité d'amour*. Je m'interroge sur *le grobis, le cripsimen, la guenuche* et *la cyprine*. J'évite *le compas* et *la porte cochère* (de peur d'y croiser des chevaux). Je préfère *le trou de service*, plus modeste, *la boutonnière* ou *le mal-joint*. Je rêve sur *la figatelle*. Je réponds au *sourire vertical*. *La tarte au poil* me semble appétissante, surtout un peu tiède. Avec Restif je m'attendris sur *la coniche* et *le conichet*. Je m'apitoie sur *la balafre*, sur *la plaie*, car on les sait inguérissables. Je glisse ma pièce dans *l'aumônière*.

J'aime, très simplement, *l'objet*.

L*e bateau, le vaisseau* peuvent nous emporter, passant par les écueils de *l'entrecuisse*, et ceux du *corridor d'amour*, jusqu'à *la chambre*, parfois bien *défendue*, jusqu'au *carrefour de délectation*, jusqu'à *la lampe merveilleuse*.

Parfois je frissonne devant *l'antre*, ne sachant quel monstre s'y tapit. Je cherche mon miel dans *la ruche*.

Citons *le millefeuille, le poilu* (et par voie de conséquence *la tranchée*), ainsi que *le barbu* et *le frisé*. On parle ainsi de *descente au barbu, de descente à la cave* ou *au lac*. Tout cela concerne *la bouche d'en bas, le gouffre secret, la fendasse*. Ou tout simplement *le bas*. On dit aussi *l'étui* et, chez les musiciens, *l'étui à clarinette*. Avec l'étui, *l'étau*, dont on ne se libère pas. On peut même dire *le piège*, ou *le labyrinthe*. Quand il s'agit d'un endroit bien connu pour le grand passage qui s'y pratique, on dit c'est *l'entrée du métro* ou bien *la ligne Maginot* (qui offre peu de résistance). Et *le prospectus*, pour l'effet d'annonce. Cela peut aller jusqu'à *la raie publique*. On entend également *l'entrée de l'autoroute* ou, plus simplement, quand une rétribution est demandée, *le péage*. L'idée, si l'on ose dire, est la même.

Assez évocateurs me semblent *l'ovale* et *la parenthèse*. Pour les amateurs d'animaux tendres, voici *l'ourson* et *le petit caniche*, et *l'angora*, si doux à dire. On l'appelle *le centre, le milieu, l'entremise, le cadran*, mais aussi *l'entresol* et parfois *le dédale*, où certains se sont égarés.

Dans les ateliers de sculpture, il est question de *la ronde-bosse*, quelque chose qui appelle la main.

Revenons aux noms de fruits, pour y ajouter *la fraise* (très précisément *la fraise dans la mousse*) et *la framboise*. Il ne faut pas non plus négliger *la pistache* et surtout *l'amande*. La figue et l'abricot, déjà cités, sont certes familiers : il arrive qu'on les personnifie, qu'on dise par exemple *l'abricot de la jardinière*. Et même *la quetsche*, en Alsace.

Le *bijou* est charmant, et s'applique aux deux sexes. Il peut coûter cher, quelquefois. *Le brasier* ferait un peu peur. *Le pubis* est discret, presque scientifique. *La lanterne* me reste obscure. Il est vrai qu'elle peut s'allumer. *La brèche* a quelque chose de militaire. Cela attend l'assaut. *La bague* est conjugale. *La chaude fleur* évoque, je ne sais pourquoi, les tropiques. *Le bahut* sent bon le lycée. *L'écoutille* appelle le matelot, *la boîte à ouvrage* la dentellière.

J'aime aussi *le semis de printemps*, qui donne une idée de fécondation, et aussi *le tiroir, le secret, la frite,* éventuellement *la fissure. Le truc*, en revanche, me parle peu. Quant au *delta*, il va s'élargissant. Je m'en méfie.

Restent *le portefeuille* et *le vide-poche*, qui sentent l'argent, un peu comme *le gagne-pain, le capital, la caisse, le combien*. Je les laisse à votre appréciation, ainsi d'ailleurs que *l'étui à cigares*, le très vieux *amarris*, le trouble *frippe-lippe*, le mystérieux *croquecis-maragouin*.

Un mot encore : on disait autrefois *la moniche* ou même *la monette*. Cela fait très dix-huitième siècle avec un parfum de couvent. *La craquette,* en revanche, ferait plutôt dix-huitième arrondissement comme *la craque* et *la craquouse*. Pour faire bonne mesure ajoutons *le beignet, le baveux, le coquillage, le panier* (avec la fameuse main au), *la fourrure*, qui peut devenir une *pelisse* par grand froid, et — déjà cités dans ma première lettre — *le tunnel* ou *tunnel d'amour, le cabinet, le biribi, le vestibule, le corridor des braves, le tutu, le zin-zin* enfin.

Je n'aurais garde d'oublier, diminutifs du berceau originel, *la conasse* et *la conette*. Pour les alpinistes, retenons *la grande crevasse*. Pour les sapeurs, *la forteresse*. Pour les laboureurs, *le sillon*. Pour les littéraires, *le rouge et le noir*. Pour les cinéphiles, *le sentier de la gloire*. Pour les spéléologues, *l'aven Armand, la grande galerie*. Pour les boutiquiers, *la devanture*. Pour les mécaniciens, *la machine*. Pour les maçons, *la lucarne*, ou encore *la cheminée* (« Ça doit bien tirer, ces grandes cheminées », ai-je entendu dire au passage d'une femme de haute taille). Pour les frileux, signalons *le chaudet*. Pour les alchimistes, *le creuset*, pour les imprimeurs, *la coquille*. Pour les bibliques, *la terre promise*. Dans *L'Immaculée Conception*, Eluard et Breton l'appellent — ouverte ou fermée — *la fenêtre*.

A peu près inutilisables, d'une simplicité toute nue, nous avons le *ce*, le *ça*, le *ceci*, le *cela*. Ils dépendent tous du contexte.

Parmi nos poètes baroques, nous trouvons *le doux milieu* et *le brun séjour*, que nous devons au sieur Motin. Jodelle a insolemment parlé *d'une étable à vits* (mais ne vaut-il pas mieux, dans ce cas, être l'étable que le bétail ?) et La Valletterie du *lieu bas*. Rabelais a même indiqué *une solution de continuité* et le fameux *comment a nom*.

L'article et *le mortier* sont japonais, comme *la muraille, la porte secrète, le trou des merveilles* et *la béance*.

On parle aussi souvent de *la gaine* et *du fourneau* (dont on aime la chaleur naturelle). En langage religieux (j'y reviens), on parle presque exclusivement du *vase*, déjà cité, et même du *vase naturel*. C'est un mot qui revient constamment sous la plume du fameux jésuite Thomas Sanchez, qui fut chargé, au seizième siècle, de rédiger un énorme livre, destiné aux confesseurs, dans lequel devaient être prévus et codifiés — avec les châtiments correspondants — tous les cas de péchés de chair.

Imaginez les tourments du pauvre homme. On dit qu'il ne mangeait jamais ni poivre, ni épices, et qu'il passait sa vie sur *deux* bancs de marbre, cette pierre froide. Quand l'un était chaud, il allait s'asseoir sur l'autre. En outre, pour lutter contre les tentations qui l'assaillaient, il maintenait constamment ses pieds à dix centimètres au-dessus du sol.

J'ai essayé. Ça ne donne rien.

L'œuvre maîtresse du père Sanchez (que je possède) s'appelle *De sancto matrimonii sacramento*. On peut dire de cet ouvrage que, par l'intermédiaire des confesseurs, il a ordonné toute la vie sexuelle de l'Occident pendant trois siècles [1].

Revenons maintenant à nos chères études.

Puisque j'ai parlé du *barbu*, je ne peux pas faire autrement que de parler de la *barbichette* (celui qui rit en la tenant, on sait ce qu'il aura). Ajoutons — c'est du dix-neuvième siècle — *le trou qui tète*, ainsi que *la tabatière* (pour les bonnes prises). Rappelons que, dans l'opérette célèbre *Le Comte Obligado*, la fille du Bédouin rangeait ses bananes dans *son petit couffin*. C'était une jeune fille très soigneuse.

Puisque nous sommes dans les pays chauds, restons-y avec *la taamoute* que nous envoie l'Afrique du Nord. Amin Maalouf, dans *Léon*

1. On peut y ajouter — car Sanchez eut des contradicteurs — *Des différentes luxures*, ouvrage du père Billuart, jésuite français du dix-huitième siècle, et l'excellente *Théologie amoureuse des peuples d'Occident*, écrite au siècle dernier « par un ancien chanoine ». Bien entendu, je possède ces ouvrages et je peux vous les faire tenir, ainsi que le très célèbre *Manuel des confesseurs*, de Mgr Bouvier, chef-d'œuvre d'obscénité ecclésiastique.

l'Africain, nous donna *la petite sœur*, expression marocaine ancienne.

Très français, en revanche, *la foufoune*, et *le foufounet*. Ils viennent du pays des froufrous (« par son jupon, la femme... »).

Un autre mot ancien, qui me revient souvent, c'est *le cas*. Il fut très usité jusqu'au dix-septième siècle, pour les hommes aussi, quelquefois. J'y ajouterai *la fourche* (décidément très paysan, ainsi que *la feuille de sauge, le rosé des prés*) et enfin *le conduit, la corbeille, le soupirail, le terrier rose* et *le buisson pointu*, qui est assez bien observé.

J'y joins *le thermomètre*, qui mesure notre passion, et *le cloître*, qui ne l'apaise guère. Je vous glisse pour la sieste *le petit creux à se faire du bien*, cadeau de Béroalde de Verville.

Je vous donne encore *le chiffon* et *l'entaille douce*. Dans un bar du neuvième arrondissement, j'ai entendu parler, un soir, *du ravin du plaisir* où on peut s'abîmer. C'est à Baudelaire, comme vous le savez, que nous devons *le bijou rose et noir.*

Enfin Bertrand Blier, en 1998 dans son livre *Ça existe en blanc*, a lancé *le potager* et *le grappillon*. Pourvu qu'elle dure, cette inspiration.

Parfois je me demande si les langues ne sont pas comme les peuples. Elles voyagent, et elles se métissent. Dans la nôtre, pourtant si riche, nous accueillons des mots immigrés, parfois clandestins. Il me semble même que, plus une langue est riche, plus elle est accueillante. Comme les peuples ?

Je dois m'arrêter ici, chère mademoiselle, car nous pourrions faire entrer dans notre nomenclature féminine l'histoire naturelle et la géographie tout entières. Il existe un panthéisme du sexe. Tout est sexe, et le sexe est tout. Chaque fleur, chaque fruit nous l'évoque, chaque source, chaque sentier, chaque château. Dans une exquise chanson des années 1950, Guy Béart a même parlé des *comptoirs de l'Inde* : « Elle avait, elle avait le Pondichéry facile... »

Vous vous rappelez ? « Un Yanaon de cocagne » ? Ça se chante encore ?

Je dois m'arrêter, vraiment. Cette lettre m'a fatigué et un peu énervé, je pense. Avant de passer à l'organe mâle, il me faut reprendre des forces. Dites-moi si vous êtes satisfaite et si vous voulez que je continue.

Je vais essayer de dormir un peu.

Tout à vous.

Paris, le 20 septembre

Billet

Vite ! Vite ! Je me réveille en pleine nuit pour ces quelques mots oubliés, qui me sont revenus en rêve, ou presque. Vous ai-je parlé du *bagage* ? Je ne crois pas. Mais vous devez l'enregistrer. Me reviennent aussi *le calibre, l'huître, la bague d'amour, le saladier, la porte de la vie* (« Ah, monsieur, vous me faites mourir... »).

Dans un manuscrit que j'ai pu connaître, Pierre Louÿs entassait des épithètes concernant le mot *con*. Il en trouvait soixante-deux. Une bonne quantité venait de Ronsard : *con barbelu, crespelu, mignard*, avec *vermeillette* pour la fente. Chez d'autres écrivains, il notait *délicat, donne-vérole, fol astre, lippu, ombrageux, retroussé, serré.*

Mais je ne vous conseille pas les adjectifs. Les adjectifs sont des envahisseurs. Ils ne demandent qu'à proliférer et nous devons y mettre le holà. D'ailleurs, où pourriez-vous les glisser, dans vos exercices ?

Restons avec les noms, qui nous donnent bien assez de travail.

Chez un prosateur inconnu, tout au début du dix-huitième siècle, on trouve *le berceau du Pape*, car il est passé par là, lui aussi, au moins une fois dans sa vie. Et c'est aussi *le chemin du paradis*. Pour les autres, sinon pour lui.

Je vous ai donné *le bijou,* mais *le joyau* m'a échappé, qui s'applique aussi aux messieurs. Ah, que la connaissance est large ! Si serré que soit le filet, on voit toujours quelques beaux poissons qui passent par les mailles. Ainsi *le bonnet à poils, la bouche d'en bas, le bossu*, que je trouve charmants. Et ça porte bonheur de le caresser. Et *l'éteignoir*, pour nos désirs. Et puis, tout simplement, *l'endroit*.

C'est à dessein que je n'ai pas cité encore *la vulve* et *le vagin*, trop anatomiques, et que je ne vous ai donné, pour le clitoris, ni *clicli*, ni *bouton d'amour*, ni *haricot*, ni *noisette*, ni *cornichon*, ni *pistil*, ni même *la languette*. Mais j'aime assez, pour cette partie-là, dont on dit qu'elle est essentielle, *la corde sensible* et *l'aiguille de la boussole*, indispensable dans les égarements. En outre, notez *l'entre-deux*, s'il vous plaît, *le devant*, et ce mot que j'aime beaucoup, une simple préposition, *l'avec*. Remarquez qu'*avec* en latin se dit *cum*. Nous ne sommes pas loin du berceau, dont je vous parlais. Avis aux étymologistes téméraires.

Je me rappelle encore que ce berceau, dans ce territoire incertain où tous les objets se métamorphosent, a été baptisé d'un nom d'oiseau. On l'a nommé *colombe de Vénus*, et certains artistes clandestins l'ont représenté tirant le char de la déesse. Ainsi les chattes vont quelquefois volant.

Pierre Guiraud, dans son *Dictionnaire érotique*, cite *le n'importe quoi*, qu'il a trouvé sans doute n'importe où. Cet érudit propose également *le nénuphar*, *la mandoline, le pince-vit* et *le portefeuille à moustaches*. Pourquoi *le calendrier* ? Parce qu'il s'agit d'un passe-temps ? *L'empire du milieu* est souverain. Cette dynastie ne saurait s'éteindre. Mais *la chapelle* est-elle encore consacrée ? Offre-t-elle toujours *un autel de la volupté* ?

Je terminerai ce billet en vous tirant mon *chapeau*. Car c'est aussi un mot pour désigner votre nature. Pourquoi ? Mais parce qu'une tête chauve s'en coiffe.

Et une dernière beauté. Elle m'a échappé car elle est trop proche de moi, sans doute : *le livre où on tourne les feuillets avec les genoux*. A lire et à relire.

Adieu. Je dors au milieu de mes notes. Il y en a partout.

Répondez-moi !

Paris, le 26 septembre

Ma chère amie,

Eh bien, puisque tel est votre désir, nous continuons.

Nous attaquons aujourd'hui l'organe mâle, comme promis, et je dois vous prévenir, en préambule, que dans ce domaine particulier le vocabulaire s'allonge, se diversifie, paraît pratiquement illimité. Les hommes sont fous de leur sexe, ce n'est pas à vous que je l'apprendrai. Ils l'ont chanté dans toutes les gammes, ils lui ont tressé d'étonnantes couronnes. Ils l'ont paré de tous les mots. Dans un film récent, assez misérable, j'ai même entendu parler du *biniou* ! Pourquoi pas *le cheval-vapeur* ou *le réséda* ?

Il faut montrer un peu de rigueur, ici comme ailleurs.

D'abord, honneur à la science. Elle nous parle essentiellement du *phallus*, du *pénis* et de *la verge*. J'y ajouterai *le gland*, en vous mettant en garde de ne pas prendre la partie pour le tout.

Les mots anciens sont *le vit, le dard, l'épinette, le braquemart* et *l'arbalète. L'arc*, pour le divin marquis, et quelquefois *l'arc de la guerre*. J'y ajoute *le cas*, qui s'emploie aussi bien pour le masculin que pour le féminin. Je devrais dire : qui s'employait. On peut y joindre, dans un grand désordre, les usuels, c'est-à-dire *la bite, la pine, la queue* [1], *le paf, le truc, le légume d'amour, le bout, la vigoureuse, la pénétrante, la vibrante, le mât*

1. « C'est la plus belle queue qu'il est possible de voir », écrit Mme de Sévigné, mais en parlant d'une comète.

pour les marins, et même *le grand mât*, ou encore *le mât de cocagne, le biscuit, le dressé, le coq hardi, le manche, le manche à gigot, la massue à pucelles*, ou tout simplement *le dur* ou *le raide* (« Tu veux un coup de raide ? ») et *l'aiguillon,* utile aux laboureurs.

Que vous signaler encore, qui puisse vous rendre service ? *Le nœud*, bien sûr, qui se rapproche de l'enfilage (nous revenons chez les couturières), *l'organe*, terme très général, quelque peu solennel (« Il a un très bel organe » se dirait plutôt d'un chanteur) et, comme on entend dans certains cercles, *la canne à Marcel, l'instrument, l'engin* et *l'outil*, qui mettent l'accent sur l'utilité, ou bien *le cierge,* pour les premières communions, ou encore *le purgeur* (pour les camionneurs), *le bougeoir* (pour les somnambules) qui dans les grandes maisons peut devenir *le candélabre, le gicleur* et *le bec verseur* (pour les mécaniciens surtout), *la serpette, la binette* (toujours les outils), *la douceur à Suzette,* ou *le grand bâton du père Gaspard*. En général, tout ce qui se rapproche du bâton peut servir. Ainsi *le gourdin*, très évocateur (« J'ai perdu, j'ai retrouvé le gourdin »), ou encore *la trique*, qui évoque une correction. Beau mot qui vient des marins : *le chibre*. Pour les soigneux, et pour les médecins, *la trousse*, laquelle inclut les accessoires. Pour les terres sèches, *la gouttière*. Contre la poussière, *le plumeau*. Pour les tristes, *le pivot de la joie*.

Très végétale, à rapprocher du gland, voici *la tige*. Banal, courant, voici *le membre*, ou *membre viril*. Ajoutons, si vous le voulez bien, *la quéquette,* ou *quiquette, le zizi, le zob* (très oriental, et très justement estimé), *la bichette, la biroute*, qu'on appelle plus familièrement *la bistouquette, le quiqui, le quiqui-joli, la grosse* ou *la petite zézette, la bibitte, le trait-d'union*, sans oublier *le robinet des boit-sans-soif, la manivelle du sapeur* et aussi *la manette à Moïse* (peut-être en souvenir de la verge d'airain ?). A propos de zob, il me revient qu'on dit quelquefois *le zobi* (« L'est joli, mon zobi ») et *le zizi pan-pan* (expression déjà rencontrée, ou je me trompe ?). On dit donc *le zizi* tout court, bien entendu, qui fut le héros d'une chanson, *la zizette* et quelquefois *la flûte de pan-pan*. En cas de refus de service, nous parlerons de *la boudeuse*. Dans le cas contraire, de *la canonnière*.

Si, comme nous l'avons fait pour les dames, nous prenons maintenant un chemin de campagne, nous y rencontrerons bon nombre de légumes, vous imaginez bien, *la betterave, la carotte, le radis noir, le salsifis*. A chacun de choisir, selon forme et couleur. *L'asperge* aura la faveur des gourmets, surtout *l'asperge d'édredon*, comme *le nougat* ou *le sucre d'orge*. *La courgette* paraît un peu molle. Elle finit souvent en ratatouille. *Le poireau* est très recherché, même s'il a la tête blanche. On le préfèrera, cela va sans dire, au *vermicelle entre deux noyaux d'olives*, qui semble véritablement pleurer misère.

Dans les pays chauds, nous avons affaire à *la canne à sucre*. Dans la ville de Lyon, au *guignol*.

Pour les bergers, nous avons *la houlette*, pour les cultivateurs *le manche de pioche*, à moins qu'ils ne préfèrent (c'est mon cas) *l'herbe qui croît dans la main*. Pour les bûcherons, *la cognée*, et pour tout le monde *le laboureur*, ou *le laboureur de nature*, l'œil sur *le soc*.

Un beau fruit, *le bigarreau rouge,* et bien entendu *la belle banane.* Pour les oiseaux, nous avons aussi quelque choix : cela va du *perroquet* au *moineau de Lesbie*, en passant par *le rossignol.* D'autres animaux sont de la partie, *l'écureuil* (ça grimpe, ça grimpe), *l'espadon*, voire *le goujon, l'asticot* ; quelquefois, hélas, *la limace.*

Dans un roman de Calixte Beyala, qui se situe au Cameroun, j'ai trouvé *la pieuvre.* Celle-ci s'avance avec un bon nombre de tentacules. Il est vrai que nous sommes en pays de polygamie.

Dans la catégorie des armes, les hommes se sont donné bien de la gloire. Outre *le sabre* et *la lance*, voici *le pieu, l'épieu, la pique, la pointe, le poignard*, toutes choses très agressives, menées par *l'étendard d'amour. La hallebarde* se porte au Vatican, et là seulement, mais il s'agit de militaires d'apparat. Dans l'intimité, ils emploient sans doute d'autres mots. Nous avons également *la sentinelle* (rappelez-vous *la guérite*), *la tringle d'acier*, *le dardillon* ou *l'ardillon, le pistolet, la barre à mine* (si prometteuse d'explosions) et, comme je disais, tous les *bâtons* du monde, *le bâton de chair, le bâton pastoral* (il guide les ouailles en les fouaillant), *le bâton à un bout*, seul du genre, *le bâton de sucre de pomme*, plutôt fondant, *le bâton qui rend fou* et *le manche à balai*, pour faire le ménage (ou s'envoyer en l'air).

Plus simplement, plus fortement peut-être, on peut dire *l'arme*. Si elle est prouvée irrésistible, on peut aller jusqu'à *l'arme fatale*.

Au chapitre des curiosités, dont vous me dites être friande, voici *le carafon d'argent* et *le cordon de saint François. Le Père Mansour* est arabe, et déjà cité, *le Mohican* est américain. Parmi les instruments de musique, je vous recommande *la flûte à un trou, le flageolet, la cornemuse* et *la clarinette à moustaches*, dite aussi *clarinette baveuse.*

Quand l'objet se présente en fanfare, et tourne ensuite à la déception, c'est du *pipeau*. Quand il garde la chaleur, c'est *le tison*.

Que dites-vous de *la seringue à perruque*, de *la béquille du père Barbara, du chasse-mouches, du droit de l'homme* (parfois courbé) et du merveilleux *robinet de l'âme* ? Et du *paquet de l'épousée* ? Et du *fourrier de la nature* ?

Comme il est curieux de constater que cette partie virile a été, souvent, baptisée comme un véritable personnage ! On l'a appelée *Mahomet* (par référence au *minaret*, peut-être), mais aussi *Jean Chouart* chez Rabelais, et *Jean Jeudi* et *Jean Pinette*, et *saint Agathon*. Et *Popaul*, bien sûr, et *Pascal*, et *Jacquot*, et *Bidault*, et *Charlie* et *Gaspard*, et *Charles le Chauve*, et d'autres sans doute. J'ai même entendu dire *le général Mondard*.

Il en est des mots comme des bons vins. On peut les déguster de plusieurs façons, à la régalade ou au tourne-en-bouche. Avec *le petit voltigeur, le canichon, l'agace-cul*, on se désaltère Avec *le saucisson, l'os à mœlle* et *le beau morceau*, ça devient sérieux. *La corde sensible* [1] a de l'élégance, *le sifflet* de l'autorité et *la colonne* de la gloire. Je me sens inquiet devant *la potence*, et presque coupable devant *le billot*. A la rigueur,

1. *La corde sensible*, on l'a vu, peut servir aussi pour le clitoris. C'est une question de proportions.

je bois au *chalumeau*. J'évite *le canal, le boyau, le polichinelle,* je louche sur *le cervelas* et *le boudin blanc*. A chacun ses goûts. Les miens, sur mon territoire, ne m'ont jamais porté vers la banalité. J'aime les goûts qui ont du goût. Elle me plaît, *l'anguille de calcif*, même si d'aucuns l'estiment vulgaire. Il m'attire, *le flacon d'eau-de-vie*, comme m'enchante *le scaphandre de poche* pour désigner l'affreux préservatif. Elle m'impressionne, à première vue, *la pierre à casser les œufs ;* un peu moins si j'y réfléchis. Il m'interpelle, *le cure-dent d'Auvergne. Le pignon* m'ennuie, comme *le bouchon* ou *le tube*, tandis que je me délecte avec *l'andouille à col roulé, le tonsuré, le gigot sans manche, le stylo à yaourt, la gourde à poils* et *le vivandier de nature*. Pour les grands ambitieux, il est *le papa à tout le monde*.

Le canon à pisser, je m'en passe très volontiers. Il nous entraîne hors de notre sujet. Je me passe aussi du *caveçon*, de *l'allumette* et de *l'affaire*, qui n'est pas toujours bonne. Ce n'est que par pédanterie que j'inscris ici *la mentule*, mot qui vient tout droit du latin. *La gaillarde* m'agace, *le moignon* me répugne, *le bogué* m'intrigue (sans plus). *L'aspergeoir* m'amuse un instant, mais il manque d'intimité. Pour le *guigui* et *le joujou*, j'ai passé l'âge. Et j'ai du mal à m'adapter à *la zigounette* et au *zigouigoui*.

Devant *Monseigneur*, devant *le pontife*, je me prosterne. Je sais qu'ils délivrent *le sacrement*. Devant *le sceptre*, je m'incline, comme d'ailleurs devant *le sous-préfet*. Devant *le docteur*, je m'allonge [1].

Impossible de dire d'où vient *la relique*, qu'on trouve pourtant un peu partout. Est-ce l'habitude de baiser la chose avec dévotion, et de frotter ensuite avec un petit linge ? Comment savoir ? Et *le schnoc ?* Et *Quasimodo ?*

Autre énigme : *la cravate du notaire*. On l'a tirée de quelle étude ? Il s'agirait, m'a dit quelqu'un, de placer son sexe entre deux seins de femme. Les notaires ont eu des nourrices.

1. A propos de docteur, les effrayantes maladies contemporaines imposent l'usage d'une protection quand on s'aventure en chasse inconnue. Ce ne fut pas toujours le cas. Jadis, c'était même une insulte. On a connu une fille de joie des années 1920 qui s'indignait devant un client qui se couvrait, et qui lui disait par exemple : « Tu prends mon cul pour un bal masqué ? ».

Le fuseau, la navette, la quenouille ne posent en revanche aucune question. Il s'agit là d'un va-et-vient rustique. *La perche* est claire. Elle est de la famille du bâton, comme *la baguette*, qui peut cingler. *Le calibre* est menaçant. *L'aiguille* est fine, mais piquante. Le *violon* fait danser, *le boute-joie* dit bien ce qu'il veut dire. *Le brandon* s'enflamme comme *la mèche, le champignon* pousse à toute vitesse, *la quine* est un mot du jeu de loto. Elle désigne une série bien droite. *Le chandelier* peut faire briller, *le crémier* se passe d'explication. *Le battant de cloche*, à mon avis, n'est utile qu'aux gros sonneurs. *Le cadran solaire* va pour les beaux jours, sinon il ne dit pas grand-chose, et personne ne le regarde. *L'andouille des Carmes* fait allusion à la réputation, sans doute injustifiée, de moines qu'on suppose hantés par le désir. Je crois savoir que le contraire est plutôt vrai, que le désir sexuel s'atténue avec l'abstinence. Saint Augustin l'a dit bien avant moi. A tenter de le satisfaire, on ne fait que le raviver. Ce qui d'ailleurs n'est pas désagréable.

Voici *le pain au lait*, nourriture de luxe que les pauvres peuvent s'offrir. Voici *le mirliton,* qui est rigolo, et *la coquette*, qui parfois se farde et se fait friser. Voici *le connais*, vraiment ordinaire, *la chair*, qui est vague (sinon triste), *le machin*, qui est n'importe quoi (la preuve : il sert aussi pour l'autre sexe).

Encore plus imprécise : *l'histoire.*

Allant plus loin, j'ai recueilli pour vous quelques mots inventés. Le croirait-on ? Les mots paraissent innombrables pour désigner ce de quoi nous parlons, et nos bons auteurs ne cessent pourtant d'en façonner d'autres. Cela va du *Callybistris* (pour les deux sexes) de Rabelais au *tirliberly* de Grécourt, à *la biscotte* de Noël du Fail, avec *le mistigouri, le tologuini, le turlututu, le calze* qui nous vient d'Italie, *l'élytroïde, le rubiscabochon, le zist, le bidougneur*. Merci à Alfred de Musset, qui a trouvé *le gouvernail* (il va pour la voile et la vapeur).

Le clou, le nerf, le bras, le doigt sont clairs et nets. On peut préciser *le onzième doigt*, ou bien, mieux observé, *le doigt qui n'a pas d'ongle. L'atelier, l'attirail* sont descriptifs, comme *l'éventaire, l'appareil* et *le café des deux colonnes.* On parle assez souvent d'un *trois-pièces sur le devant*, ou encore *avec tout le confort*, et on expose aussi *la marchandise.* Toutes ces expressions, vous l'avez compris, désignent l'ensemble, comme *la boutique* et *la panoplie.* Je note aussi *l'équipement*, et pour les fantassins *le paquetage.* Quand il se fait pesant, ce dernier peut devenir *le barda.* On peut y inclure *le paquet, le petit coin, le Saint-Frusquin, les alentours* et un mot formé tout exprès, *le claouis*, qui ne me plaît pas.

Dans une lettre de 1872, écrite à Londres, Verlaine parle de la *tortue*, avec même un dessin. Cherchait-il un lièvre ? Ailleurs il parle du *boudoir*, sans doute un jour de lassitude.

Un homme bien avitaillé ne doit pas hésiter à montrer son *marteau à boules, son cylindre, son lingot d'amour.* Qu'il hésite en revanche à dévoiler sa *cocotte*, ou bien sa *guignette*, qui indique un organe réduit, peu fait pour flatter l'œil, ainsi d'ailleurs que *le fifre, le fétu, le criquet, l'ergot, la lavette.* Tous ces mots sont à enseigner à l'école de l'humilité, comme *le petit frère, le honteux, la clé de contact, la chiffe, le foulard, la flanelle*. C'est de ce type d'homme qu'on dira qu'il est un *pousse-mou*, un *rétréci*, un *recourbé*, un *bande-à-l'aise*, qu'il donne avec *la petite burette*.

J'ajoute à ces termes dédaigneux *la frite, la balayette, la virgule*. On peut dire aussi *la bricole, le petit bonhomme*. Et *la souris,* au dix-neuvième siècle, que la chatte effrayait, sans doute. Quand on ne voit pas très bien de quoi il s'agit, quand les formes restent dans la confusion, je vous conseille *le bidule*.

Inutile d'en avoir honte. Sulpicius nous a raconté que saint Martin, homme par ailleurs des plus généreux, avait les parties nobles très petites. A sa mort, on remarqua que son membre ne dépassait pas les dimensions de celui d'un petit enfant.

Pour les très jeunes gens, qui sont encore à dessaler, on dira *l'anchois*.

En revanche, quand les dimensions inspirent du respect, voire de la crainte, on parle de *la matraque*, du *canon*, du *bélier* et du *petit âne*. On a garde de ne pas oublier *le fléau*, qu'on peut baptiser *Attila*, si on a du goût pour la viande crue. A éviter dans les salons : *le ravageur*. Ça fait m'as-tu-vu.

A ce propos, une belle expression, me semble-t-il : *ce qui s'augmente*. Et je n'oublie pas *la cheville d'Adam*, le premier des outils, celui d'où nous procédons tous.

Le fusil à deux coups a un côté pépère. S'il est modeste, il a l'avantage de la fiabilité, de la simplicité — ce qui n'est pas le cas de toutes les armes répétitives.

Les lecteurs de Zola utilisent *la bête humaine, le bonheur des dames*. Barbey d'Aurevilly, dont la fatuité était sans mesure, appelait son membre *Formidable*. Si nous voulons sourire un peu, rappelons que certains l'appellent tout simplement *Line*. Pourquoi ? Parce que « Line est branlable ».

Si l'on veut insister sur l'indispensable survie de l'espèce, on peut parler de *la fécondante*, voire de *la grande semeuse*. Si on aime le ton badin, on dit *le joujou des demoiselles*. Les technocrates contemporains aimeront sans doute *la performante*.

Le cigare à moustaches a quelque chose de viril. *Le chinois* est bien élevé, car souvent on se fait polir le chinois. Les Japonais ont *la broche, la quille, le brandon, le laboureur, la tige des merveilles*, et aussi *la tige secrète*. Ils ont *le batteur, la racine virile* et *l'axe*. J'ai connu un homme déçu qui avait baptisé son membre *Roger*, à cause de *Roger la Honte*.

Je ne vous rappelle que pour mémoire le fameux passage où les servantes de Gargantua jouent avec le contenu de sa braguette, l'appelant, entre autres, *ma petite dille, ma branche de corail, mon bondon, mon bouchon, mon vilebrequin, mon poussoir, ma petite andouille vermeille*. C'est un jeu sans fin. Pour toute la vie.

J'ai entendu dire une fois, par une dame parlant de son mari : *il est pas manchot de sa petite jambe*. Et elle ajoutait cette précision : *il est toujours midi à sa pendule*. On disait aussi — le dit-on encore ? — *le gamin*, d'où l'expression : *je vais faire pleurer le gamin*. Enfin, comment passer sous silence *la bêbête* (qui monte, qui monte), un charmant régionaliste méridional, *la zizoune*, et cette expression populaire parisienne, *l'élastique*, souvent employée comme suit : *j'ai l'élastique toujours bien tendu*. Toujours à Paris, j'ai entendu : *le tuteur des deux orphelines*. Cela garde un parfum de mélodrame. On attend le traître.

Puisque nous en sommes venus à parler prouesses, une courte digression. Je déteste les chansons de corps de garde, qui sont stupides et surtout mensongères. On y célèbre les amants qui multiplient à l'infini leurs exercices. Or, nous savons bien que ce n'est pas au nombre de coups de feu qu'on jugera le bon chasseur. Cependant, puisque nous parlons de vocabulaire, rappelons à ce sujet l'expression *ne pas avoir ses couilles dans sa poche* (ses couilles ou autre chose) et *la manivelle à répétition*. Dans le même esprit, si j'ose dire, quand on parle d'un habile manipulateur, ou de quelqu'un qui sait faire illusion, nous pouvons supposer qu'il a *la braguette magique*.

J'ai entendu dire d'un de mes voisins, qu'on prétendait infatigable : *faudrait lui mettre un caleçon en zinc*. Ou bien encore : *il ne dort jamais que d'une couille, il a un portemanteau dans la culotte*.

On appelle certains affamés *tout ce qui passe*, ou *fourre-tout*.

On dit aussi *l'avoir à midi* et, dans le quartier maritime de Concarneau, en Bretagne, *avoir le loriot à six heures*, c'est-à-dire la balise bien dressée.

Fermons cette parenthèse et revenons à notre objet.

Nous avons parlé de mortaise, il ne faut pas oublier *le tenon*. On connaît également des architectes qui citent *le pilier d'amour*. Ceux qui ne peuvent vivre sans idole utiliseront *le totem.* Pour ceux qui aiment les cinq-à-sept, que dire de *la visiteuse* ? Pour les athlètes, voici *la musclée.* Pour les voyageurs, *la valise à roulettes*, facile à tirer.

Parmi les poètes baroques, nous trouvons souvent *le pilon* (et son complément *le mortier*, que j'ai oublié précédemment), *le phare*, qui connaît les orages, *la quille, le concombre galant* et chez Ronsard *la flambante chandelle* [1], ainsi que *la lancette.*

Chez les cordonniers, on disait *le tranchant* et aussi *l'alumelle* (le dit-on toujours ?). Chez les menuisiers et les mécaniciens, on entend encore *la chignole.* Retenons, dans l'argot du dix-neuvième siècle, *la brette* (Armand Gouffé), ainsi que *la broque* et *la broquette* (Brazier). Au dix-huitième siècle on disait déjà *le goupillon* et *le Père Frappard.* De tous temps, on a dit *le Priape.* J'ai lu aussi : *un beau morceau de viande de chrétien* (attention aux fauves, les jours de cirque).

1. Rappelez-vous, toujours chez Ronsard, ce vers souvent mal lu : « Quand vous serez bien vieille, au soir, à la chandelle... ».

Le levier est fort ambitieux. « Donnez-moi un levier et je soulèverai le monde », disait Archimède. Le monde, ou bien le demi-monde. *Le bourgeon, la petite pousse* sont plus printaniers, plus modestes. Parmi les noms d'animaux, je vous citerai encore *le lézard*, qui indique des tendances paresseuses. Quant à *la flamberge*, elle a quelque chose de brandi, de conquérant. Elle est frémissante dans le vent.

Il faut aussi mentionner *le petit jeune homme, la cheville ouvrière, la cheville à repeupler la France* et, en hommage à Pascal, *le roseau bandant*, sans oublier *le zoiseau à Lucette.*

Réservé à certains milieux technologiques, je citerai aussi *la tête chercheuse. Le beffroi* est limité à l'Alsace et à la Belgique.

On l'appelle aussi *le pignon. L'obélisque* n'est pas sans quelque prétention (il arrive qu'on y trouve même des inscriptions, en l'occurrence des tatouages, comme « tout pour elle »). On dit aussi *la trompe* (énormément), *le périscope* (quand on fait la chose à l'aveuglette), *le porte-*

enseigne et *le glaive de Jules*. Et *le jonc*, que j'allais oublier ! Et *le piton*, d'où on surveille les frontières !

Et *la gaule*, bien sûr, déjà nommée, pour ceux qui pêchent régulièrement au bord de l'eau, et qui quelquefois ont des touches.

Disons encore *le brise-miches, le brigadier*, assez fréquent dans le monde du théâtre (peut-être à cause des trois coups), *l'étrave* (marine marchande), *le jeune cadre* (cyclisme), *la jambe du milieu* (médecine), *le perce-neige* (pour les bergers des alpages), et le *TGV*, pour les très rapides.

On dit aussi *la flèche, le compagnon, le petit* ou *le grand chauve, le mousseux, la béquille à Janine* (elle vient en aide aux convalescents). On dit *le tiv*, qui est le vit à l'envers, *celui qui donne le sirop de corps d'homme*, ou encore *le sirop de paf rose.* Cela me paraît *beau comme une bite en fleurs*, pour parler comme il faut qu'on parle.

Assez pour aujourd'hui. Si vous le permettez, à ma prochaine livraison je compléterai le service. Vous voyez sûrement de quoi je veux parler.

Portez-vous bien dans ce nuage de paroles. Lorsque les mots sont aussi multiples, vous commencez sans doute à le comprendre, c'est qu'ils s'attaquent, harcelants, à une chose insaisissable — et essentielle. Sinon, ils se tairaient.

Je vous suis tout dévoué.

Paris, le 2 octobre

Chère Françoise,

N'ayez aucune crainte : je n'ai pas oublié que l'organe masculin ne se compose pas seulement d'une verge. Il faut à cet arbre des racines, dont certaines sont apparentes, et d'une importance reconnue. Oui, sans conteste, l'organe masculin reste incomplet si on n'y ajoute pas *les testicules*, que nous nommons très couramment *les couilles*.

Aujourd'hui, nous allons parler d'elles. Je vous ai déjà dit quelques mots de l'ensemble, qui constitue *les parties*, lesquelles très étrangement peuvent être *nobles* ou *honteuses*. Elles sont en tout cas *intimes, fragiles, viriles* et *secrètes*.

Les mots servant à désigner les testicules sont, comme pour le reste de la boutique, sujets à invention constante. Je vous donne d'abord les principaux, que vous connaissez sûrement, *les boules, les boulettes, les balles (balls* en anglais), *les pendentifs, les roustons, les roupettes, les roubignolles* et *les burnes.*

A propos de ce dernier mot, je me permets de vous rappeler un calembour célèbre : « Quand les burnes sont là, les érections approchent. » On raconte que le général de Gaulle s'en divertit.

Remontons au dix-neuvième siècle où nous trouvons, dans le langage des apaches, *les bastos* et *les balloches* (toujours avec cette idée de projectiles). On disait aussi *les olives de Poissy*, je ne sais pour quelle raison géographique, et *les dandrilles*, mot plus ancien, proche des *triquebilles* que j'ai trouvées chez un poète satyriste du Grand Siècle, un nommé Blot.

Anciennement, on disait aussi *les ballustrines, les brandilloires* et *les trébillons*. Vers 1925, *les Dolly Sisters*. Plus littéraires sont *les deux gosses, les deux orphelines, Daphnis et Chloé.* Toutes les paires célèbres peuvent ici être mises à l'usage. Selon la taille et l'humeur du moment, suivant aussi la personne visée, on peut parler de *Tite et Bérénice* ou bien de *Footit et Chocolat*. Ce genre de baptême est toujours amusant. Il vous conduit de *Tristan et Yseult* et de *Roméo et Juliette* (l'homme toujours cité en tête) à *Paul et Virginie,* à *Laurel et Hardy*, aux *deux magots,* à *Bouvard et Pécuchet,* à *Bonnie and Clyde.*

Gardons *Pierre et Paul* pour les religieux, *papa-maman* pour les soirées à la maison, et pour ceux dont le cœur a des souvenirs de patriotisme, proposons-leur *l'Alsace et la Lorraine.* Ainsi, au moins, elles resteront françaises.

Ajoutons, parmi les dénominations courantes, *les joyeuses* (dont Jean Rigaux a revendiqué l'invention), *les précieuses, les valseuses* (de Bertrand Blier), *les bijoux de famille, les agré-*

ments, les amoureuses, les colifichets, les bonbons (on dit aussi *les bonbonnières,* qu'on imagine enrubannées), *les mignonnes* ou *mignonnettes, les flâneuses, les bagatelles, les marrons, les ombragées, les boucles d'oreille* et *les castagnettes* (à ne pas heurter en dansant).

Pour illustrer ce que je vous disais au sujet de l'adjectif — ennemi numéro un du nomenclateur —, vous allez voir ce que je veux dire quand je parle de l'infini. Prenez n'importe quel adjectif et faites une tentative. Vous verrez, ça marche à tous les coups. Ainsi (je ne réfléchis pas) *les dormeuses, les entêtées, les engourdies, les discrètes, les pensives, les mijaurées, les ballottantes, les bourgeoises, les laborieuses, les dilettantes, les abritées, les oubliées, les communautaires*, et ainsi de suite.

Les adjectifs sont le désespoir du lexicographe.

Passons à plus concret, mentionnons *le sel et le poivre, l'huile et le vinaigre.* N'oublions pas *Marthe et Marie, les captives, les pelotes* et *les cacahuètes*. J'aime beaucoup, à l'approche du mois de mai, *le gros muguet.* Et on dit aussi *les sonnettes*, qui se font tirer.

Ajoutons *les campagnoles, les bibelots,* qui peuvent être *japonais, les pendeloques du grand lustre, les grelots* (avec la célèbre phrase : « agiter en s'en servant »), *les cerises à tonton, les deux timides* et puis, tout simplement, *les deux*. Je dépose ici *les coucouguettes* et, comme à Marseille, *les olivettes.* Laissez-les passer.

Mettons ensemble, dans le même sac, *les noix, les noyaux, les noisettes*. On entend souvent dire « Tu me casses les noix », et pas seulement à la campagne. A propos de sac, rappelons *les sacs*, naturellement, et aussi *les blagues* (« Tu me fais rire avec tes blagues » peut être pris pour une insulte).

Quelquefois, le vocabulaire lui-même se fait méprisant, quand il parle par exemple des *accessoires*, du *supplément*, des *brimborions*, des *flasques* et des *deux adjoints de monsieur le maire.* Je désapprouve, vous le savez, ce ton supérieur, mais comme je me dois de tout vous dire, tout au moins tout ce que je sais, je vous signale qu'en cas d'usure trop apparente on les appelle des *guenilles*.

Au chapitre des récipients, nous sommes riches. Il fallait s'y attendre. Nous avons *les gourdes*, qui sont ambitieuses, et *les fioles*, plus réservées, avec la variante *fioles à sirop*. Nous avons *les burettes,* pour les enfants de chœur. Nous avons *les réservoirs*, que je n'aime guère et *les deux flacons du père éternel*, que je préfère, et de très loin.

En cas de modestie, on peut ajouter l'adjectif « petit » : *petites gourdes, petites olives*. Mieux vaut, me semble-t-il, choisir un autre mot, comme *les grains, les breloques, les guignes*. Ou encore *les petits oignons*, qui vont avec beaucoup de sauces.

Pour souligner l'idée de suspension, outre *les pendeloques humaines*, voici *les ballottes*. Pour les timides, *les deux oreilles*, ou *les jumelles* qui vous regardent venir de loin. Pour les patriarches, *les génitoires*. Pour les coupables, *les témoins à décharge*. Pour les Antillais, *les belaux*.

Au cours de la guerre d'Algérie, nos militaires parlaient de leurs *glaouis*. « Gaffe aux glaouis, ça va chauffer, les gonzes. »

Ayons une pensée pour *les patates*, utilisées dans cette expression fameuse, pour exprimer une grande fatigue : « J'ai les patates au fond du filet. » Citons pour mémoire *les fèves, les pruneaux de madame, les prunes de monsieur, les frivolités de la reine* et *les boulettes de Vénus*.

Chez les marins et chez les tapissiers, on dit volontiers *les pompons*. Quand on les touche, ça porte bonheur. Notons le diminutif, simple mais charmant : *les pomponnettes*. J'y ajouterai, assez effrontées, *les galopines*, qui évoquent de plusieurs façons le cheval.

N'oublions pas *les billes* et *les sacs à billes*, ainsi que *les agates*, qui ont quelque chose de plus rare. Un boucher que je connaissais parlait quelquefois de *ses bas-morceaux* et vous savez que tous les confiseurs ont leurs *dragées*, qui ne servent pas que pour les baptêmes. A ce propos, j'ai entendu parler des *pralines du samedi soir*, et des *voisines du dessous*.

Un homme que je connaissais avait coutume d'aborder un jeune homme de ses amis en lui demandant : « Bonjour, monsieur. Comment va votre paire ? »

Dans ma jeunesse, j'ai entendu dire *les fragiles, les douillettes, les sucrées, les sacro-saintes, les cymbales d'amour* et même *les clochettes de la* Vierge *Marie*. Cela me semble tombé hors de l'usage. Vos spectateurs n'y comprendraient strictement rien et se plaindraient à juste titre.

En revanche, on peut utiliser *les œufs*, qui est un hispanisme, *les jujubes* (fruits du midi de la France) et même *les fruits de la passion* (si passion il y a). Quand il y a lieu de se plaindre, on peut parler des *paresseuses*, des *dégonflées*, des *roupilleuses*. En allant plus loin, des *grévistes* (qui peuvent nous prendre par surprise). J'ai même entendu dire, un jour d'examen, *le double zéro*.

Les mots naissent quelque part. Certains meurent à l'endroit même où ils sont nés. D'autres deviennent les mots de tout le monde.

Comme disait un de mes amis, qui rêvait d'être un mot : « Ah ! Etre sur toutes les lèvres... »

Bien sûr, ce n'est qu'un rêve. Il en est aujourd'hui des mots comme des vieilles maisons et des espèces animales : ils disparaissent. Ceux qui restent sont souvent les plus médiocres, les plus faciles. Manquant de qualité, ils s'usent très vite, ils perdent toute couleur et toute force. Ils en arrivent à perdre même leur sens. Etonnez-vous qu'on ne s'entende plus.

Très chère amie, j'espère vous avoir satisfaite. Certes ma mémoire a baissé, comme le reste, mais je peux encore défier des spécialistes plus jeunes que moi. A bavarder avec vous, des sentiments et même des sensations me reviennent, que je croyais enfouis, perdus. Je vous en remercie. N'hésitez pas à faire appel à moi et même à me rendre visite. Je suis prisonnier de mes papiers. Je ne sors plus guère.

Autrefois mes collègues me plaisantaient. Ils m'appelaient « le chevalier des dards et mettre » et, par dérision, ils me nommèrent un jour « grand connétable du mérite sexuel ».

Ma vie — ai-je besoin de vous le dire ? — n'a pas été à la hauteur de ma science.

Croyez-moi votre toujours dévoué.

Paris, le 10 novembre

Chère Françoise,

Merci, merci pour votre coup de téléphone ! Votre voix m'a réchauffé, vos paroles m'ont touché le cœur. Je vis seul et on ne m'appelle jamais, ou bien par erreur, quelquefois. J'étais si triste de ne plus rien savoir de vous.

Ainsi, mon travail vous a aidée, j'en suis très content. On vous a félicitée pour votre dernier doublage ? Bravo ! Voici ma vie qui sert enfin à quelque chose.

J'ai poursuivi mes recherches dans le sens que vous m'avez indiqué. J'ignorais qu'on tournât des films « homos », comme vous dites. Cela m'étonne un peu. Cependant, je ne suis pas là pour juger mon siècle, mais pour le servir (contrairement à beaucoup d'autres). Mon domaine, c'est le vocabulaire. Je suis professeur de vocabulaire et je puis vous communiquer quelques mots assez expressifs et variés concernant l'aspect postérieur de l'acte sexuel que les Chinois appellent « prendre la porte de derrière ».

Vous verrez, c'est intéressant.

Avant de parler de l'acte lui-même, et de ceux qui s'y adonnent, parlons quelque peu de l'endroit. *Le cul*, autrement dit *le derrière, le fondement, les fesses, le fessier, le postérieur*, s'appelle aussi, en langage passe-partout, si j'ose dire, *la base, le siège, le ballon, le croupion* ou *la croupe*. En style résolument plus populaire, on dit *la raie, le disque, le pétard, le popotin, le tralala, les doudounes, les miches*. Plus triviaux, voici *le fion* et *l'oignon*, qui s'appliquent plus précisément à *l'anus*, ou *trou du cul*, qu'on appelle en abrégé *le trou, la percée, l'orifice*, et en langage plus recherché *l'étoile du soir, le sens interdit, le fruit défendu, le puits sans fond*. Il est *le ronfleur*, il peut être aussi *le grognon*. En cas de déception grave, il est *le zéro*.

Quelques expressions argotiques, qui ont varié selon les époques : *Troussequin* et *Saint Jean le Rond* au dix-septième siècle (et sans doute avant), *ventôse* à la Révolution, *bigoudoche* à la Belle Epoque. Voici également *le figné* (avec ses dérivés *fignard, fignedé, fouignedé*), voici *le derche* (qui peut être faux), *le prose* (on n'en fait pas sans le savoir), *le radada, le rondibé, la salle de danse, le pétrus* et *le tapanard*. Voici *le borgne*, et dans son royaume il est roi.

En langage imagé, je peux vous proposer *la cible à coups de pied, le pot-au-feu, l'abbaye du verso, l'abbaye de Clunis, le trou de la Sibylle* (pour quelles prophéties ?), *la lucarne enchantée* et *l'entrée des artistes*. Je n'oublie pas *le verre de montre*, et *la montre* tout court. Pourquoi ? Je ne vois pas. Ce n'est pas là que je regarde l'heure. Pour *la collerette extensible*, je comprends mieux.

Cela ne vous surprendra pas si je vous dis que certaines dénominations sont grossières. La fonction de l'endroit s'y prête. Si cela vous offusque, vous pouvez sauter ce paragraphe, mais je me dois de vous citer rapidement *le péteur, le fouaron* (je préfère l'appeler *le sonore*), *le couloir aux lentilles, le panier à vesses, le trône à tonnerre, le moule à merde, le soufflet, le moulin à vent* et *la turbine à chocolat*. Ouf ! C'est fait.

Le mot *ojo*, œil, est souvent usité en espagnol, mais aussi en français. C'est *l'œil de bronze* et *l'œil qui ne voit pas*. C'est *l'œil de taupe* et c'est tout simplement *l'œillet*. C'est aussi *celui qui regarde qui le suit*, ou *qui regarde en contrebas*.

Si l'on veut insister sur la force des fesses, qu'on appelle aussi *les deux sœurs*, *le pain fendu* ou *les coussinets*, on dira là aussi *l'étau*. En le serrant bien, il peut devenir un *casse-noisettes*.

Plus délicate à manier, *la capsule*.

Pour les géographes, nous avons *le ponant* et *la mappemonde*. Assez démodé, *l'œil de Moscou*, qui voyait tout sans regarder. Pour les bijoutiers, *l'autre anneau*, ou *l'anneau rétif*, qui est aussi *la bague profonde*. Pour les collèges, c'est *le père Fouettard*, qui à mon avis serait plutôt fouetté.

Une curiosité : *le Rubens*, qui vaut pour les amateurs d'art et qui suggère du volume. Assez répandu au début du siècle, *le Prussien*, qui certes a vieilli.

Par antinomie, voici *le gros visage, la face d'ombre, l'autre figure, le visage qui n'a point de nez*. Voici *l'endroit où le dos perd son nom* (mais pour en trouver beaucoup d'autres). Nous avons aussi *le centre de gravité*, dont on rit beaucoup, *le faubourg du cul, le département du bas-rein* (assez faible, je vous l'accorde), *Messire Luc*, qui se lit à l'envers, *le sous-chantre* et *le vénérable*.

Assez raffiné, *le ciel invisible*, dans lequel s'inscrit *l'arrière-Vénus*. Pas toujours à l'heure, *le train*.

On dit aussi, mais c'est plus littéraire, *la fleur du mâle*, *le trèfle* et *le monocle*. Cela s'appelle aussi *le petit*, expression empruntée au jeu de tarots (« Je me suis fait prendre le petit »), *le pincé* et bien entendu *la pastille* avec cette précision, quelque peu vieillie : *la Valda*.

Je citerai *le beignet, le baigneur* et *le tambour* (« Il donne par la baguette ce qu'il reçoit par le tambour » se dit d'un individu actif et passif), *le danseur, la rosette* et *le rebondi*. Dans le domaine musical, retenons aussi *les cymbales*. Pour ceux qui mangent sur le pouce, *le croque-monsieur, le sandwich*. Egalement *les noix,* déjà notées pour les testicules. Egalement *le profond, la mine, le terrier* (pour les chauds lapins), *l'isoloir* (on y vote à bulletin secret). Assez rare : *le caramel*. Assez drôle : *le berlingot*. Assez moyenâgeux : *le petit écu*. Très apprécié dans la marine à voile : *le gaillard d'arrière*. Dans la marine de guerre, *le porte-avions*. Réservé aux enfants de troupe : *le trou de balle.*

Gardons en mémoire *le résonnant, le bouffi* et *le rembourré*. Notons *le président*, pour lequel j'ai un faible, car j'y vois de la majesté. Sachons qu'au dix-septième siècle, parmi les précieux, on disait *l'ami des fauteuils* et *le confident des coussins*. Dans les milieux ecclésiastiques, que nous n'aurons garde d'oublier, on dit volontiers *le reposoir*, comme dans la phrase : « Je vais mettre un cierge au reposoir. »

Quand il se porte bien, et qu'il est épicé, il peut être *le relevé.*

Je trouve assez admirable *le valseur*. J'apprécie *l'autel de passe, l'as de pique* et *le rouspéteur*. A Rome, il est d'usage, pour exprimer son admiration, de parler de *la huitième colline.*

Ailleurs, et principalement parmi les hellénistes, on entend parler de *l'anneau grec*, du *défilé des Perses*, du *passage de Corinthe* et même du *petit goulot de Ganymède* auquel Zeus lui-même voulut s'emboucher. Pour les Japonais, c'est *la marmite.*

Dans les couvents, qui n'a pas entendu parler du *père foré* ?

On disait au dix-huitième siècle, époque d'élégance (au moins dans le vocabulaire), *le souterrain de la rue de la lune*. Sade y ajoutait *le contre-sens*. C'était celui qu'il préférait. On dit *le four, la porte arrière*, également *le rond* et tout ce qui tourne autour de l'idée de rond, *le cercle* (qui peut être intime, très fermé ou au contraire de famille, ou bien vicieux), *la rondelle, la margelle, l'anneau* toujours et plus particulièrement *l'anneau de Saturne.* Toujours dans le cosmos, nous retrouvons ici *le trou noir*, où nous nous perdons.

Le postère et *l'arrière-train* peuvent être cités dans les meilleurs salons. Il en est de même, si l'on prend quelques précautions, pour *l'annexe*, le très charmant *voisin, la face cachée de la lune, la bouche d'ombre et le joufflu* (qui désigne l'ensemble). *Les meules* ne sont que pour les fesses, quand elles ont du grain à moudre.

Quelques précautions s'imposent en revanche si on parle de *la boîte à gaz*, du *cumulus*, de *la chambre noire* (où s'effectuent les bons tirages). Assez dissimulés, voici *le dérobé, le cagibi.* Très fin de siècle, le *suivez-moi jeune homme.* Apanage des gastronomes : *la truffe.* Point de mire des militaires : *l'embusqué.* Chef d'œuvre des couturiers : *le plissé.* Rêverie des cosmonautes : *l'étoile.*

N'oublions pas que cette partie — à plusieurs usages — du corps humain, bien que généralement cachée, aime la franchise. La preuve : on dit d'un hypocrite qu'il est un *faux cul*.

Les autorités ecclésiastiques, auxquelles je me référais dans mes premières lettres, ont très souvent condamné l'usage du *vase illégitime*, ou *vase maudit*. La pratique sodomique est à leurs yeux très hautement damnable. C'est *le commerce odieux*. D'où certaines expressions véhémentes, chez les poètes et orateurs religieux du dix-septième siècle, comme *le chenal de Satan, le trou d'enfer* et *le couloir de la malédiction*. Assez beaux, dans cette condamnation sans appel, me semblent *l'huis noir, le puits de nulle grâce, le seuil de la très longue peine.*

Revenons, s'il vous plaît, à nos frivolités.

Voici *le passage des amateurs* et *le défilé des gourmands*. Par opposition à la fenêtre (toujours féminine), je vous rappelle *la lucarne* et bien entendu *la lunette arrière*. Signalons *le clignotant*, utile aux virages, *le petit cratère* et, toujours dans la marine marchande (mais qui s'en étonnerait ?), *le hublot du capitaine* (« Va, petit mousse... »).

Quand il est en forme, il est *le bombé*.

Au dix-neuvième siècle on disait *le bocal, le boc, le pète, le poèt-poèt*, également *la pièce de dix sous. Troufignon* et *troufignard* se disent aussi. Plus rare est *le tal*, aujourd'hui disparu des mémoires, il me semble. Dira-t-on bientôt *le petit euro* ?

Voilà pour l'objet du délit, qui doit être aussi de délice. Bien que fort ignorant dans la pratique, j'imagine qu'elle doit être savoureuse puisqu'on l'a si férocement prohibée. Le premier soin de toute autorité, vous le savez bien, est de s'attaquer au plaisir, et particulièrement au plaisir sexuel. Tous les prétextes sont bons pour empêcher les humains de s'aimer, et j'en fus moi-même victime dans ma jeunesse, comme tant d'autres. Pourquoi l'amour est-il cet ennemi si redoutable, si haï ? Nous en parlions un jour avec un vieil ami espagnol. Il disait que le désir d'amour, frappant en aveugle, est extrêmement dangereux, car il ne respecte aucune règle, aucune hiérarchie sociale. On a vu des rois s'éprendre follement de bergères.

Et parfois même de bergers, cas qui nous occupe aujourd'hui.

Passons donc à l'acte lui-même. Je n'irai pas par plusieurs chemins, ma chère Françoise, et je vous dirai tout de go ce que vous savez déjà, que le mot le plus courant est évidemment *enculer*. Il a le mérite de la clarté. Il est l'équivalent de *baiser* pour le côté pile. Mais il est des façons plus aériennes d'exprimer la chose. Nous avons vu déjà *prendre la porte de derrière, s'adresser à l'annexe*. J'y ajoute *emprunter le tunnel d'amour, allumer les rétro-fusées* (vous voyez que je suis parfois de mon temps), et d'une façon générale tous les verbes que nous connaissons déjà (*baiser, enfiler*, etc.) auxquels il suffit d'ajouter le mot *cul* ou tout autre synonyme. On peut aussi dire *empaffer*, qui est fort brutal, et *sodomiser*, qui est biblique.

De toute manière, il faut *foutre en cul.*

Le département géographique nous apparaît ici très largement ouvert, et tous les peuples y sont représentés. On parle évidemment d'*alcibiadiser*, de *socratiser*, de *s'adonner au vice grec* et de *chevaucher à l'antique*, mais aussi de *pousser la botte florentine*, de *faire le voyage en terre jaune* et de *favoriser la mode de Berlin.* Alfred Delvau, au dix-neuvième siècle, rapportait déjà *baiser à la moderne* et le soldat français, en Algérie, avait pour habitude de *consommer son Kabyle.* Pierre Louÿs emploie *embourriquer*, autre souvenir d'Afrique du Nord.

Un correspondant m'a même signalé un *garde-à-vous annamite*, non sans quelque nostalgie coloniale. Aujourd'hui le tourisme sexuel a remplacé les viols des envahisseurs.

Autres expressions, cette fois populaires : *encaldosser, emmiller, empétarder* (pour le soir du 14 Juillet), *emmancher, emproser, endosser, empailler, entrouducuter*. Tous ces mots ont le même commencement. L'action y est limpide.

J'y ajoute *lancer* et *galipoter*. Dans le domaine des expressions, voici *se faire empaqueter* (pour offrir peut-être ?), *se faire dauffer, se baguer le nœud, casser le cabinet, retourner la médaille, prendre du mâle* (ou *se donner du mâle*), *se payer un aller et retour sur le fildingue* et *prendre du chouette.* Dans l'argot des années 1920, cela se disait : *baiser à la riche.*

De toute manière, on a des *mœurs d'arrière-garde*, des *goûts contre nature* (mais qui l'a définie, la nature ?). Pour *tourner le feuillet*, ou *la page*, il faut *être de la cale deux, un citoyen rétroactif*, il faut se *faire mettre dans le petit* (au lieu de le prendre), *se faire casser le disque, être de la manchette, donner du dos, faire le con cocu*. Il faut choisir *le devant du derrière.*

Il faut pour cela *aimer le goudron* ou bien *porter un chapeau de goudron*. Se disent aussi *donner le clystère* (qui est obsolète) et *donner le bouillon pointu*, qui a quelque chose de menaçant.

Un mot composite très intéressant, c'est *érothiser* qu'on peut écrire avec un autre « h » au début. Chez les pâtissiers, *on trempe son bis-*

cuit. Chez les boulangers, *on met son pain au four*. Si on veut montrer de la modestie, on dit même son *petit pain*. Pour ceux qui se contentent de la conversation, on *cause à rebours*. Pour les couturiers, on *ramasse les épingles*. Pour les grands voyageurs, qui racontent leurs exploits au coin du feu, on *tisonne les deux hémisphères*.

Je vous signale tout particulièrement *faire un détour, brancher le circuit auxiliaire*. Dans les années trente, on disait d'une femme qui acceptait — ou recherchait — cette activité : *elle fait le spécial*. On disait encore : *c'est une perle* (car on l'enfile par les deux côtés) et c'est *la mère tape autour*, expression quelque peu obscure.

Prendre par derrière est évidemment très usité, ainsi que *mettre la broche dans le four. Péter la rondelle, se faire défoncer le cercle, prendre du rond, basculer dans la margelle* relèvent de l'idée du rond. *Se faire écarquiller* se dit quand, à l'acte, s'ajoute la surprise.

Dans Marcel Proust, je crois vous l'avoir déjà dit, Albertine parle de *se faire casser le pot*, source d'angoisse et de douleur (pour le narrateur).

D'une façon moderne, là encore, on dit avoir *son moteur à l'arrière* ou bien *la prise est derrière le poste.* On dit aussi, quand il s'agit d'une dame : *si j'ouvre les deux portes, c'est que j'aime les courants d'air.* Ou bien encore, sur les terrains d'aviation : *ouvrir les deux portes du hangar.* L'expression ordinaire est *jouer des deux bouts.*

On peut aussi dire *pratiquer la monte-à-rebours, le rebrousse-poil, le remonte-pente* (ou *slalom spécial*, cela toujours pour les alpinistes), *se faire introduire dans le milieu, voter au centre* et même *faire des forages off-shore.* Une expression réellement délicieuse, que je vous signale (mais je doute que vous puissiez l'utiliser dans vos travaux) : une dame du dix-neuvième siècle disait, en pratiquant cet exercice : « *J'agrandis le cercle de mes amis.* »

On disait à la même époque — mais on ne le dit plus — *enrouter, envoûter* et *se faire taper dans les pattes.* Apollinaire parle de *pédiquer.* Sade a lancé — sans grand succès — *moliniser.*

En langage réellement très populaire on dit *se faire graisser* et *se faire vaseliner*. Je préfère une expression énigmatique, et pourtant éloquente : *se faire dorer*, ou *dorancher*.

On disait à Alger, pays de grande chaleur (je parle d'avant l'indépendance), *se faire retourner l'ombrelle. Se faire péter le fil de France* s'adresse aux gens de la couture, qui apprécieront. Cela n'a rien de politique.

Dans les grandes occasions, on peut *prendre une porte* et même *une porte cochère*. On peut *se faire clouer comme une chouette*. On peut aussi *se faire empaler* (sur un Chinois, par exemple), ou *entuber*. Ce dernier mot, me semble-t-il, évoquerait quelque mauvaise affaire.

On parle aussi de *prendre l'itinéraire bis* ou bien *la départementale*. Plus discrètement encore, on peut demander : *Aimez-vous la valse à l'envers ?* Ou bien encore : *Puis-je aller saluer le voisin ?* Enfin, très expressif, ne pas oublier *se faire empapaouter* (c'est Hannibal qui s'amollit dans les délices des Papous). Dans certains cercles gastronomiques, on *mange sa raie au beurre blanc* et on *redemande de la baguette*. Ce dernier mot est décidément ambigu. On peut aussi *s'en faire donner dans les baguettes*.

Restif de la Bretonne parlait de *tourner la médaille* et de *sonder le boyau cuiller*. Il est aussi l'inventeur, à ma connaissance, du vocable *loyoliser*, en l'honneur du grand saint Ignace de Loyola, fondateur du « jésuitique système ». Dans un ouvrage très peu connu du dix-huitième siècle, j'ai trouvé l'expression *prêcher à l'inversal*. Nous restons dans le religieux, comme vous voyez.

Dans l'armée, *on se fait tourner, on se fait déborder, on se fait défoncer, culbuter, charger par l'arrière*. On assiste, ou on participe, à *la prise du grand fortin*. Un lieutenant de vaisseau me dit un jour d'un jeune enseigne : *« Il file vingt nœuds par vent arrière. »* Cette phrase était prononcée avec une nuance admirative.

Quant aux adeptes du *vice saturnien*, ce vice qualifié d'*infâme*, qu'on appelle aussi le *vice-verso*, ce sont des *homosexuels*, des *pédérastes* et des *sodomites*. Quelques nuances les séparent, au moins dans l'étymologie. Je vous en fais grâce. On les appelle aussi, communément, des *invertis*.

Je vous préviens : ici la liste est longue.

Voyez plutôt : dans le seul argot du dix-neuvième siècle, on trouve *les coquines, les lobs* ou *lops, les chattes, les gueuses, les copailles, les culistes* [1], *les fiotes, les jaquettes, les jésus, les rivittes* et *les sœurs* (voire *les frangines*), ainsi que *les pédiques*.

On disait aussi *les Emiles*. Ils se réunissaient en de certains endroits. Puis le mot est passé de mode (mais non la chose).

Restif de la Bretonne — encore lui — disait tout simplement *les efféminés*. Aujourd'hui, on dit indifféremment *les pédés, les pédales, les pédoques,* voire *les pédalos, les tantes, tantouzes, lopes* et *lopettes, les gitons, les minets, les chéries, les reines, les folles* — terme générique qui compte de nombreuses variantes, *folles perdues, folles tor-*

1. Ou *culomanes*. « Pédé comme un phoque » est trompeur. Il faudrait dire *comme un foc*. L'expression vient de la marine. Elle fut inventée un jour de vent arrière.

dues, folles ardentes, folles mystiques, folles extatiques, folles écartelées —, les travestis ou *travelos, les petits jeunes gens, les chochottes* et *les coquines.*

Quand un travelo est très décoré, il se présente comme une *dragqueen*.

Ils sont tous *grands lecteurs de Tacite* (qui écrivit, ne l'oublions pas, des *Annales*). Très vigoureux est *le troncheur*. Très familier, *le gazier.*

Au Québec, on parle *d'un homme aux hommes*. Mais on dit aussi *les tâteux*.

On les appelle *les anusiens, les pédophiles, les versophiles, les retournés, les inversés* et, d'une manière générale, *les amis de l'envers*. Tous sont *apôtres de l'anus* et *amis de la face B*. Ils font *la rebrousse*.

En langage classique, *les bougres* sont les homosexuels actifs et *les bardaches* les passifs [1]. Ce dernier mot vient de l'arabe, mais que cela

1. Ce mot se trouve chez Flaubert, qui reconnaît y avoir goûté.

reste entre nous. En Egypte, nous avons *les amateurs d'anneau.*

A ce propos, deux expressions populaires du milieu pied-noir d'Afrique du Nord : *les coulos, les gerboises.*

A*ndrins* et *anuistes* sont relativement savants, et par conséquent d'usage restreint, comme *androgynes*. *Mouche-pine* est plus clair, *marquis de Villette* (ou tout simplement *Villette*) fait allusion à un célèbre parangon. Nous avons aussi *les lopailles, les empressés, les enfilés, les enviandés* : vous n'avez qu'à reprendre tous les verbes que je vous ai donnés et les mettre à la forme passive.

Un grand classique : *les chevaliers de la rosette*. Une rareté : *les fauconniers florentins*. Un méconnu : *les apothicaires*. Un américanisme : *les gays* [1].

1. Au lieu de « pédé comme un phoque », on dit en anglais *gay as a goose*, « gay comme une oie ». Mais, à ma connaissance, rien ne prouve que les oies soient portées à cette pratique. Au moins chez nous.

Au bagne, un jeune débutant était appelé *une corvette.* Ailleurs *une galine, une frégate, un bichon, un Antinoous, un Ganymède. Une cousine* est passive, comme *un bibi*, comme *un garçon-fillette.* Les novices, *ces imberbes*, peuvent vite devenir des *éreinteuses de paf* et des *voleuses de santé.* Du passif, on dit aussi qu'il *tient de la grenouille.* Quand il s'accommode des deux situations, on dit qu'il est *bique et bouc.* C'est *un homme-orchestre.* Les actifs, eux, sont des *pointeurs*.

Au début de ce siècle, dans le milieu, le giton d'un caïd s'appelait un *schebeb.* On dit toujours, ici et là, *un tchomme.*

Je reviens une fois encore au siècle dernier pour mentionner *les mousquetaires au couvent* (au couvent d'hommes, bien entendu). Aujourd'hui, dans certains cercles, on dit quelquefois *les gazolines* et *les pétroleuses.* On est de *la jaquette qui flotte* ou *de la banane maudite.*

Restent bien entendu *les tapettes*, qu'on appelle également *les tatas* ou *les tantinettes.*

Citons encore *les folasses, les folichonnes, les foldingues* et d'une façon générale tous *ceux qui en croquent*, sans oublier — c'est un point d'histoire de France — *les mignons*. Ils jouaient au bilboquet avec Henri III.

Je descendais un soir la rue Houdon, qui mène à la place Pigalle, quand une femme brune et très maquillée, au passage, me montra une jambe musclée et me demanda d'une voix grave, avec un accent brésilien : « T'as envie de goûter à un footballeur ? » Je répondis non et je m'en allai. C'est à peu près tout ce que j'ai, comme expérience.

Quant aux dames qui aiment les dames, elles sont des *lesbiennes* et des *tribades*, voire des *gamahucheuses*. On dit aussi des *gougnottes* et on disait au dix-neuvième siècle des *vrilles* et des *marchandes d'ail*.

C'est de cette dernière expression qu'est venu — mystérieusement — un mot très connu, qui est *les gousses*. Là encore, comme pour les hommes, on dit des *sœurs*, des *frangines* et même des *frères*. On les appelle quelquefois des *copines de régiment*. Elles sont aussi des *goudous*. Elles pratiquent *l'amour saphique*, ou *gomorrhéen*, comme l'appelait Marcel Proust. Elles sont des *gouines*. On disait au début du siècle : *elles font les puces*. D'où cette dénomination, d'ailleurs assez rare : *les puces travailleuses*.

Avec les progrès de la Poste sont apparues, vers 1860, *les colleuses de timbres*.

Le mot savant est ici *anandryne*. Une expression contemporaine, popularisée à la télévision par l'érudit Jean-Pierre Coffe, indique *être de la pelouse*, ou *du gazon*. Elles ont *les mains scélérates*.

Elles sont, comme les invertis, *de l'autre façon*. Elles ont été des *biches*, des *fricarelles*, des *amphibies* et des *claudines*, en l'honneur, naturellement, de Colette.

Quand une dame a des faiblesses pour les deux sexes, on dit, c'est très commun, qu'*elle est à voile et à vapeur*, mais aussi qu'*elle marche à l'huile et au vinaigre*, qu'*elle communie sous les deux espèces* [1].

Un couple de lesbiennes peut être *un ménage tire-boutons*. Ensemble, elles *épluchent des lentilles*, elles se font *désherber la pelouse*, et à l'occasion *rajeunir le gazon*.

Voilà, chère Françoise. J'espère vous avoir bien répondu sur le point très précis qui faisait l'objet de votre appel. Ici, plus encore qu'ailleurs, je ne parle que par ouï-dire.

Ce que je vous envoie vous paraît peut-être un peu osé, comme l'on dit. Bah ! Je suppose que, dans tous vos travaux, vous avez dû en entendre bien d'autres. En outre, comme le disait un de mes vieux maîtres, l'imagination est toujours innocente. Le péché d'intention est une foutaise des confesseurs — et seule l'action peut être jugée.

1. Pour un homme qui honore aussi bien les deux sexes, on peut utiliser ces mêmes expressions. On y ajoutera : *il honore saint Noc et saint Luc.* Quand il alterne, il fait *café-au-lait. Il est à voile et à vapeur* reste le grand classique en la matière. Il s'agit de quelqu'un qui utilise au mieux toutes les énergies.

Vous savez que je ne bouge pratiquement pas. J'ai mis un peu d'ordre dans mon appartement, avec l'aide de la concierge. Elle m'a acheté du thé et des biscuits secs. Vous me feriez une joie sans limites en acceptant de venir un jour passer ici une heure ou deux. J'aurais tant de choses à vous dire, qui vont disparaître avec moi.

N'hésitez pas. Appelez-moi encore et venez frapper à ma porte. N'ayez pas peur, surtout.

A bientôt ?

PS : J'ai oublié, en ce qui concerne le cul, des allusions historiques comme *l'entrée de Napoléon à Moscou*, *la prise de la smala*, *l'ouverture du canal de Suez*, ou *de Panama*. Cela n'a pas grande importance. Je voudrais cependant vous signaler l'expression *le détroit des Dardanelles*, due à un très médiocre calembour anonyme (« Pour y passer, on y bosse fort. »).

Le 12 novembre

Deuxième billet

Vite ! Pendant que j'y pense ! Vous ne m'avez jamais rien demandé sur les seins de femme. Je suppose qu'on leur donne peu de noms dans les films où vous travaillez. Cependant, et puisqu'on ne sait jamais, voici les expressions les plus courantes.

Elles sont presque toutes argotiques, du genre *les roberts, les nénés, les nichons, les nibards* et *les roploplos* (ou *les roudoudous*). *Tétons* et *globes* sont classiques, *gorge* est extrêmement convenable, comme *poitrine*, ou *buste* (la gloire de la femme-tronc).

Les *lolos* et *les boîtes à lait* s'intéressent au contenu, comme *les gougouttes*. *Les oranges* et *les pommes d'amour* appellent la dent. Pour le terme générique, nous avons *l'étagère, la devanture, l'étalage*, et le très célèbre *balcon*, où l'on aime voir du beau monde.

Grossiers, *les rondins, les rouleaux, les mamelles*. Assez dégoûtants, *les tétasses, les repoussoirs*, qui se disent des objets flasques et peuvent devenir des *blagues à tabac*, ou des *peaux de bouc*, ou des *besaces*. Tout cela est affreux. On dit aussi, pour signaler la fripe, des *seins en gants de toilette* ou *en couilles de vieux chameau*. Les chiens aboient, la caravane passe.

Passons. Avec une pensée pour *les œufs sur le plat*, qui ne sont guère nourrissants.

J'aime assez *l'avant-scène*, mais je préfère *l'avant-cœur* que cite Balzac dans *Le Père Goriot*. *Les loches* et *les loloches*, assez curieusement, m'attirent. *Les bossoirs* sont dressés, on en rêve dans la marine. Je vous signale également, dans le paysage, *les bouts de fraise, les avant-postes* et *les collines de l'amour. L'avant-garde* vaut pour les artistes et aussi pour les militaires. Pour les obsédés de l'envers, voici *les fesses de devant.* Et *les gaillards d'avant*, toujours pour les marins.

Chez une femme bien équipée, on remarque *les antibrouillards*. Et on se pose même sur des *coussins pointus*.

Je me dépêche, j'ai presque fini. J'ajoute *avoir une belle livraison de bois devant sa porte*, en souhaitant que ce soit votre cas. Je ne comprends pas bien le *tais-toi donc*, mais je l'aime bien (vient-il de téter ?). Voici *les jumeaux frémissants, les ballotteurs, les michelards, les soutenus, les devant-de-gilet* et *les caressants*. Je ne cite que pour mémoire *les rustines*, secours des cyclistes. Et, tout sauf chrétiens, *les païens*.

Existent aussi *les bols, les fusées, les obus* (pour la femme canon). J'ai donné *doudounes* pour les fesses. Certains emploient aussi ce mot pour le devant. C'est donc un mot recto verso. Je n'y peux rien.

C'est tout pour aujourd'hui ! A bientôt !

Paris, le 3 décembre

Chère Mademoiselle,

J'ai bien reçu votre dernière lettre et je ne vous en veux nullement. Je suis un peu déçu, bien sûr, mais je comprends que vous hésitiez à venir me voir. Un vieux monsieur comme moi, qui ne sait parler que d'une chose...

L'« amour oral », me dites-vous ? Mon Dieu, c'est vieux comme la bouche. Le mot savant est ici *fellation*, mais on dit plus communément *la pipe, le pompier, le pompelard, le suçon, la sucette des pauvres*.

Je sais que ce genre d'exercice se pratique souvent dans les films que vous synchronisez. Même si, à ces moments-là, vous avez sans doute peu de texte à dire, j'ai tout de même préparé une petite liste à votre intention.

On dit bien entendu *sucer, téter, pomper, tailler une plume* et *faire la bise* (qui a un parfum d'avant-guerre), *se faire éponger, se faire nettoyer*. On se fait faire *une gâterie, une façon, une turlutte, une politesse, une gourmandise*. On *sirote l'apéritif*. C'est l'heure où les dames *passent au fumoir* pour *avaler du sirop de corps d'homme*, où les végétariens se font *brouter la tige*. En Belgique, on *se fait prendre en bouche*, ailleurs on *se fait souffler dans la trompe*, on *se fait jouer du trombone*, ou si l'on préfère *de la cornemuse*, on se fait *blanchir le tuyau de pipe, mâchouiller le billot, glouglouter le seigneur*, ou *ripoliner le candélabre*. On peut *boire l'homme*, ce qui apaise quelques soifs.

Téléphoner dans le ventre existe, mais je ne vous le conseillerai pas. *Se faire faire une pomponnette au kirsch* est amusant, mais ça se limite à l'Alsace. *Se faire travailler le canal, allonger le macaroni* et *souffler dans le mirliton* (ou *dans le poireau*) sont presque déjà des classiques.

On parle aussi de *shampooing*, d'un *shampooing à gencives*, et même de *shampooing maison*, quand cela se passe en famille. Léon-Paul Fargue a introduit l'expression *humer le cyclope*. On peut aussi *se faire manger le jonc*, ou *faire le chapeau du commissaire* (pour des raisons qui me restent obscures). Quand on parle de *la cérémonie*, c'est de ça qu'il s'agit, à moins qu'on n'extrapole.

On dit aussi *se faire mousser le créateur*, que je trouve assez magnifique, et aussi *scalper le mohican*, qui est plus local.

Fumer est assez usité, remarquons-le. Là encore, nous retrouvons nos voisins du Nord : « Fume, c'est du belge. » L'origine de cette locution, pardonnez-moi, m'est inconnue. Je ne suis pas fumeur.

Dans les pays de montagne, j'ai entendu parler du *décolleté savoyard* (à cause du ramonage, peut-être ?) et d'*une trompette à la neige*.

Quand l'action est poussée jusqu'au terme, on disait au dix-huitième siècle que la fellatrice (ou le fellateur) *recevait la gorgée*. On dit aujourd'hui qu'elle (ou qu'il) *avale la fumée*, ou *la pilule, ne donne pas sa part de dessert, n'aime pas que ça refroidisse,* qu'avec lui (ou elle) *rien ne se perd*. Elle n'est pas *gaspilleuse, elle profite, elle a besoin de calories*. On peut ajouter qu'*elle boit au goulot* et qu'*elle gobe le merlan*. Pour les gourmandes, c'est *une giclée de crème d'amandes*, *une purée maison*, ou tout simplement *une crème fouettée*.

Chalcidisser, d'après Mirabeau et son *Erotika biblion*, ne se dit que pour le lèchement des testicules. Suétone a créé *phicidisser* pour dire : se faire lécher les testicules par de jeunes chiens (ce fut un moment à la mode). Nous sommes ici dans les habitudes romaines, qui étaient, semble-t-il, très buccales.

Une femme qui suce agréablement *réussit tous ses examens à l'oral*. Elle est *douée pour les langues*. C'est une bonne ou une excellente *flûtiste* (mais pour la musique de chambre).

Une des plus célèbres suceuses professionnelles de l'histoire vivait, au dix-neuvième siècle, dans le faubourg Montmartre, à Paris. Alfred Delvau, qui l'a connue (peut-être lui a-t-il *lâché un peu de crème*), raconte qu'elle habitait dans un appartement lugubre, tout tendu de draperies noires. Aussi l'appelait-on *la pompe funèbre*.

Plus près de nous, juste avant la Deuxième Guerre mondiale, on disait d'une pipe très réussie : *C'est Daladier au château d'If* ! Qui pourra m'expliquer pourquoi ?

Faire feuille de rose, c'est prêter sa langue au tambour. Ça s'appelle aussi *bichonner, charbonner* ou *mettre la tête à l'étau*.

Le mot *gamahucher* [1], qui date de l'Ancien Régime, sert à désigner tous les plaisirs de l'amour donnés par la bouche. Quand ces plaisirs sont plus spécialement donnés à une femme (par un homme ou par une autre

1. *Gabahoter* est toléré.

femme), on pratique *le cunnilingue.* On dit *lécher, léchotter, grignoter le bouton d'amour* (qui est le clitoris) ainsi que, dans les années trente, *faire mimi, faire minette.* On dit aussi *bouffer de la fourrure, manger le fruit, aller au casse-croûte, jouer à croque-clito* et *se faire vibrer la virgule.* Restif utilisait assez souvent le mot *patiner*, qui a glissé hors de nos mémoires. On dit aussi *se faire brouter le paillasson.* En espagnol, *on se met une barbe.* En anglais, c'est beaucoup plus simple : *on se mange.*

On peut dire tout simplement — ce n'est pas à un professeur de vocabulaire qu'on l'apprendra — *faire une langue.* Là aussi je noterai des régionalismes, *sucer la moule* près de Toulon et *croquer la frite* à Bruxelles.

On peut faire *une langue fourrée* ou bien *filer une langouse.* Naguère, on se faisait *grignoter le gazon*, on se fait maintenant *brouter la pelouse* et *laper*, ou *lécher la plaie.* On se fait aussi *becqueter la moule*, et *humecter la cicatrice.*

Dans ce cas, le partenaire *va au café*, il *aime la marée*, il *baise en pigeon*, il va même *prendre sa demi-tasse au café des deux colonnes*. Il se fait *friser la moustache*. Les yeux fermés, les lèvres en avant, les mains où il veut, il *prend l'hostie à la chapelle*. Toujours ce goût, si délicieux, du sacrilège. Je crois avoir déjà cité *manger de la tarte au poil*, ce qui est plus un apéritif qu'un dessert. Après *manger*, d'ailleurs, mettez tous les mots que vous voulez, et que je vous ai déjà donnés. Et ajoutez quelques adverbes, à votre goût.

Vous me demandez aussi de vous parler de la masturbation, qui est le bonnet de nuit de l'amour (ce qui permet parfois d'avoir une nuit calme). Cela me gêne un peu, mais enfin je suis à vos ordres.

Je vais essayer d'aller vite.

Se branler est évidemment l'expression la plus ordinaire, avec *se toucher* et *se masturber*. J'ajoute — valable pour les deux sexes — *se bricoler, se fréquenter, se faire une branlette, se cerner les yeux, se contenter* et tout simplement *se manier, se manuéliser, jouer* ou *faire joujou en solitaire*. C'est *l'amour tout seul*, *l'extase égoïste,* c'est *ça m'suffit*.

Pour le sexe qu'on appelle fort, le mot ancien est *s'arsonner*. Il est aujourd'hui incompréhensible. En argot, on *se paluche*, on *se fait une pogne*, on *s'astique le minaret*, on *se tape une pignole*, on *se ravigote*. Non sans brutalité, on *se fait sauter le plus gros à la pogne*. On se *saborde*.

En langage plus raffiné, on va *jouer au billard anglais*, ou bien *se coller une douce*, ou *se taper un silencieux* (quand il y a du monde dans la maison). On va *se faire les cuivres* et *s'occuper les mains*. J'ai connu un homme du peuple qui disait, dans ces occasions : « Je vais serrer la main au père de mes enfants. »

Un autre qui murmurait : « A nous deux, toi qui consoles... »

Pratiquer l'onanisme est l'expression biblique. Il s'agissait alors d'éviter une procréation. Encore un prétexte.

Avec *se taper sur la colonne*, nous retombons dans le grossier. Ce n'est pas ma faute. Nous y restons avec *se coller un rassis, amorcer le siphon.*

Nous tombons encore plus bas avec *se bahuter la pine, se purger la nouille, se gonfler l'andouille à main nue, se tirer la ficelle, se faire un ramollo*. On peut aussi *se tripoter la tige* (dans l'espoir de la voir pousser).

Se polluer le dard est plus relevé, ainsi que *se faire une tige*. Rappelons au passage une phrase de Béranger : « Le bonheur est au bout de nos doigts. » En langage ecclésiastique, n'ayons garde d'oublier *cinq contre un*, ou *la bataille des moines*. Certains remplacent les moines par des jésuites. L'intention est la même.

On peut dire aussi *se faire pleurer*, ou *s'arracher des larmes de vit*, ce qui n'est guère joyeux, ou même *se moucher entre ses doigts*, en cas de gros rhume. Nous retrouvons ici, adaptés au nouvel exercice, tous les mots rencontrés jusqu'à maintenant. Il suffit de choisir ses verbes et de dire, par exemple, *se secouer le mahomet, s'astiquer le grand pontife*, ou *s'agacer le sous-préfet*. A chacun d'improviser ! Le but est de toute manière de *se faire saigner à blanc, de se faire sauter le bouchon*. On joue, ainsi, à *crache ou je t'étrangle*.

Dans un texte de Bruscambille, excellent amuseur du début du dix-septième siècle, on trouve : *se faire ventouser entre deux gros orteils.*

Très classique : *foutre en main.* Très peu usités : *user des doigts* et *boire seul. Brandouiller* introduit une notion de non-violence, comme *faire la gimblette.* Les religieux ne sont pas oubliés : outre *la prière des moines* déjà citée, nous avons *la prière éjaculatoire*, qui se fait dans l'isolement, et *le bonheur du sacristain.* Je terminerai par la très célèbre *Veuve Poignet*, dame musclée et toujours secourable.

Quelques particularismes, pour les dames : *se gratter le devant* et *sonner le bouton*, ou encore *le tocsin.* Le bouton, on peut aussi *le taquiner* ou *l'agiter à le découdre*, en cas d'urgence. On se *taquine aussi le hanneton.* Autrefois, il était recommandé de *titiller* le clitoris, lequel ne prit ce nom qu'au dix-septième siècle. On dit savamment *se clitoriser*, ou *effeuiller.* Pour les musiciennes, on *joue de la mandoline.* En sourdine.

Au Québec, on *se gratte la fourche* : quelque chose, encore, de paysan.

Vous me demandez également de vous indiquer « quelques positions ». Ici et là, je vous ai parlé du *tire-bouchon américain* ou d'autres attitudes. Vous connaissez bien évidemment *le soixante-neuf*, qu'on appelle aussi *tête-bêche* ou *bout-ci, bout-là*, ou *minon-minette*. Je vous rappelle aussi *foutre à la papa, foutre à l'habituelle, foutre en missionnaire*, qui sont dans tous les lexiques, mais aussi *en levrette, en cygne, à la dragonne* (c'est vite enlevé, comme *à la hussarde, à la bestiale, à la Saumur, à la cavalcade*). Quand on ajoute *un doigt dans le prussien*, cela s'appelle *postillonner*. N'hésitez pas à me dire pourquoi, si vous le savez.

Sans doute connaissez-vous *la double* ou *la triple pénétration, la double anale, la double vaginale, les gang-bangs* et *les combinés*. Je n'y vois que sordides championnats de gymnastique, tristes exploits. En plus les mots sont gris, comme *éjaculation faciale*. Qui prendrait plaisir à les dire ?

Une hardeuse, comme on dit aujourd'hui, avait promis de faire jouir deux mille hommes en vingt-quatre heures, pour le passage à l'an 2000. A-t-elle réussi ? On ne me l'a pas confirmé.

Et puisque nous en sommes au chapitre du jamais vu, laissez-moi vous dire ma stupéfaction, et ma répugnance, quand j'entends parler dans la presse, ou dans les journaux télévisés, de crimes sexuels inédits, comme le viol et le commerce des bébés. Même le marquis de Sade n'avait pas imaginé cet abaissement. Où allons-nous ? Pourriez-vous me le dire ? Je suis quelquefois perturbé, car malgré mon isolement j'appartiens, je crois, à l'espèce humaine.

Pour en revenir aux fantaisies, qui peuvent aisément se passer de l'horreur, tout est affaire d'invention, d'imagination personnelle. Je ne vais pas vous dresser un catalogue. S'il vous arrive d'être en panne, je vous recommande en particulier tout un chapitre de *L'Immaculée Conception*. Vous y verrez comment des poètes disent la chose. Je trouve ça très beau.

Une particularité. Quand l'homme prend ses précautions, autrement dit quand *il se retire*, quand *il joue à saute-mouton* (encore le fameux *coïtus interruptus*), on dit qu'*il crache dans les broussailles*, qu'*il arrose le persil*, ou qu'*il éternue à la porte*. De toute manière, *il triche au jeu*.

Une jeune fille qui se fait *dépuceler* ou *dévirginiser* (encore une de vos questions) *perd sa fleur*. Certains précisent : *sa primevère*. Elle se fait *ouvrir l'écaille, casser la cruche* (voyez le célèbre tableau d'Ingres, si évocateur), *briser la tirelire*, qui contient parfois toute sa fortune. Elle se fait *enlever l'obstacle*, et *sauter l'huis*.

Furetière disait qu'elle perdait *la plus belle rose de son chapeau*. On dit aussi *perdre ses gants* et bien entendu *perdre son innocence, sa pureté, son pucelage, sa vertu*, tout ce que vous voudrez. La jeune fille se fait *féminiser*. On dit d'ailleurs, en transitif, *damer une fille*, c'est-à-dire en faire *une dame*, et *apprivoiser* (pour les mégères).

La jeune fille *casse son sabot* et *donne sa rose*. Elle se fait *percer*, ou *mettre en perce* (dans les pays de vignobles). Le vainqueur *a l'étrenne*, il *force la barricade*. Il *prend le berlingue*, il *s'empare du capital*, et de toute manière il *ouvre la question*. Celle-ci peut rester longtemps sans réponse.

Quant à *la liqueur séminale* — autrement dit *le lait de mâle, le sperme, le foutre, la sève humaine* — que nous avons rencontrée tout au long de notre chemin, j'ajouterai *la crème de jouvence, l'huile de reins, l'écume du plaisir, la came* et sa blanche cousine *la neige* (qui connaissent des accros). Je ne crois pas avoir cité *l'élixir de long vit*. Voilà un oubli réparé. Je répète *le sirop de corps d'homme*, qui ne sert de rien contre la toux.

Je fouille dans mes notes éparses. Qu'est-ce qui pourrait encore vous intéresser ? *Une tournante* est une pratique abominable des temps d'aujourd'hui. Nombreux sont les jeunes de nos banlieues qui n'ont du sexe que des images prises dans les films que vous savez. Ils croient donc que les filles ne peuvent jamais dire non. Ils en saisissent une et en usent ainsi. Triste pour tous.

A*ller au gratin* se dit d'un client à qui s'offre gratuitement une fille à vendre. En revanche, quand celle-ci prend son plaisir avec un *miché*, on dit qu'*elle y va de son voyage*, et qu'*elle le fait au béguin*.

L*e pagisme* est un goût que certaines dames avancées en âge portent aux jeunes gens, aux pages. Mais qui pourrait les en blâmer ?

Je vois aussi, dans une note, *faire mouillette*, suivi d'un point d'interrogation. A vrai dire, je n'y trouve pas de sens précis. Le terme me semble assez général. On dirait qu'on trempe quelque chose, là ou ailleurs.

J*'ai une bite, un vrai crève-cul* est une expression de Jean Carmet, mais je ne pense pas qu'il parlait de lui, ce jour-là. Il est aussi l'auteur de : « En ce moment, je marche derrière ma bite », qui indique une certaine obsession, jointe à du laisser-aller. Ce type de personnage s'appelle aussi un *saute-au-crac*.

Je m'arrête ici. Je sais bien que vous m'avez posé une autre question, mais elle est d'une telle exigence que j'ai besoin d'une bonne semaine pour y réfléchir.

Je ne vous oublie pas.

Paris, le 11 décembre

Mademoiselle Françoise,

Voici, je pense, ma dernière lettre. Elle vous parviendra quelques jours avant Noël et j'en profite pour vous souhaiter de très bonnes fêtes.

Bien entendu, j'ai gardé le meilleur pour la fin. C'est pourquoi, dans ma lettre du 3 décembre, je vous demandais un délai.

Vous vouliez en effet savoir comment dire

prendre son plaisir. Quelle ambition ! Et comment y répondre ?

En apparence, c'est bien simple : on dit *jouir* et cela dit tout. *Jouir* est un mot merveilleux, qui remplit la bouche et le cœur. « Notre condition dans ce monde est de jouir et non pas de connaître », dit un personnage de Marivaux, contre qui d'ailleurs, certains jours, je m'inscris en faux.

On dit aussi *venir*, qui est un anglicisme, et aussi *rupiner, reluire* et *prendre son pied, son panard, son pied bleu, son grand pied d'acier*.

De toutes les manières, on *se donne de la joie, du bonheur* ou *de l'allégresse*.

L'homme *fait jouir* une femme, il la *fait reluire*, il la *fait briller*, *scintiller,* il lui met *les doigts de pied en éventail, les pieds en bouquets de violettes*. Elle *fait les yeux blancs*. Elle *se pâme*, elle entre *en pâmoison* et, pour ainsi dire, *en extase*. Une expression digne des plus grands poètes mystiques : elle *arrive au noir*.

J'aime aussi beaucoup *la fausse souffrance, la peine qui n'en est point une, le cri sans mal.*

Quand une femme atteint ce qu'on appelle en anglais un *climax*, et dans le français ordinaire un *orgasme*, alors elle *perd la tête*, elle *bat l'air*, elle *fait la carpe*, elle *en oublie de respirer*, elle *hurle à la vie.*

On dit qu'elle *est montée au septième ciel*, qu'elle *est allée dire bonjour aux anges.* Elle *chante,* elle *fait l'anguille,* elle *est comme un poisson hors de la mer,* elle *a sa clameur*, elle *étincelle.*

L'homme *décharge, éjacule, donne, dégorge, éclate* et *gicle.* On parle aussi du *grand frisson*, de sla *grande secousse*, de la *petite mort*, du *cocorico*, de *l'avalanche.* André Frédérique disait : *Atteindre la dernière gare.* Dans les cas réellement spectaculaires, on peut aller jusqu'au *typhon*, jusqu'au *raz-de-marée*, jusqu'à *la lame de fond*, jusqu'au *cyclone.*

On dit aussi *le grand soleil*, dans le langage des gymnastes, et, dans celui des artificiers, *le bouquet final* et *la belle bleue*.

Pour ceux qui sont toujours à la pointe de la mode, ils peuvent pousser *le dernier cri*. Quant aux poètes, ils rêvent toujours d'*une apothéose*. L'un et l'autre sexe peuvent *flipper*.

Le naufrage du Titanic a un peu vieilli. En revanche, *Cap Canaveral* marche toujours bien. Nous avons également *la navette spéciale*, célèbre pour ses réchauffements et pour ses va-et-vient célestes.

On dit aussi — restons dans des eaux subitement calmes — *j'ai démâté, j'ai baissé la tête, j'ai eu une tombée de couilles, j'ai perdu ma charpente, j'ai débandé* et *j'ai molli*. On m'a rapporté le mot d'une dame cruellement déçue, qui disait en se rhabillant : « J'ai cru voir un film catastrophe. » Quant aux amateurs de billard, qu'ils pensent à *la fausse queue*.

N'oublions pas, déjà cités je crois, les *bande-mou*, les *bande-à-regret*, et tout ce qui s'ensuit, *la chute libre, la dégonflette, le floc-floc.* J'ai entendu un homme encore jeune, un soir, dans un restaurant, dire : « Hier soir, j'avais une demi-molle. » Et il semblait le regretter.

On parle aussi de *bâton rompu*, de *stylo menteur* et de *mou dans la corde à nœuds*. On dit qu'on a *manqué de voix*, qu'on a *vu plus gros que sa bite*.

N'ayons pas peur des mots. Ils n'ont pas peur de nous.

Je voudrais pour finir, vous indiquer — à toutes faims utiles — qu'il existe très certainement un moyen d'enrichir le dialogue généralement très pauvret qu'échangent les amants au moment même où ils s'unissent. Je veux parler des sempiternels — *oui-oui, c'est bon, c'est bon* et *encore-encore*.

Bien entendu, puisqu'il s'agit ici de faire du texte, l'essentiel doit être laissé à l'initiative individuelle et je ne peux guère indiquer que quelques directions de recherche. A vous, et à vos collaborateurs, de faire l'effort d'écriture nécessaire, en fonction de la situation précise et de la personnalité de vos interprètes. C'est l'essentiel de l'art dramatique.

On peut en cette circonstance utiliser pratiquement toutes les expressions de la langue française.

On peut dire par exemple, dans l'ordre croissant : *c'est délicieux, c'est merveilleux, c'est fantastique, c'est le grand pied, c'est l'idéal, c'est super-énorme, c'est géant, c'est du jamais vu, c'est vraiment pas mal.*

On peut aussi prendre tous les mots que vous avez pu trouver dans mes lettres, et les combiner de telle ou telle façon. Mathématiquement, cet exercice conduit à l'infini. L'essentiel est de ne jamais perdre de vue que le texte ainsi créé doit être voluptueux et principalement encourageant. L'obscurité littéraire et le maniérisme sont, à mon sens, à éviter. Ils conduisent au galimatias et à l'abandon.

Cherchons d'abord des mots simples. Les plus courants sont bien entendu *sentir* (*je te sens bien, je te sens fort, je te sens partout*), *pousser, faire* (*fais-moi ceci, fais-moi cela*), *donner* (*donne-moi tout*), *prendre* (de toutes les façons possibles, voir mes lettres précédentes). On m'a signalé également *arrange-moi, fatigue-moi, ouvre-moi, détourne-moi, bouleverse-moi, explore-moi, saccage-moi, défonce-moi, brise-moi, tue-moi*, et la litote très classique, bien de chez nous, *ne me ménage surtout pas*.

Parmi certaines phrases authentiques qui m'ont été rapportées, ou que j'ai trouvées dans quelques ouvrages (mon expérience personnelle est trop ancienne, trop limitée et de toute manière trop silencieuse), j'ai retenu à votre intention le magnifique *Halleluyah !*, ou bien encore *cherche mon cri, tu es chez toi, surtout n'aie pas peur, c'est la fête, c'est le Grand Huit, c'est le Bon Dieu, c'est le rêve, c'est l'Amérique*[1], *c'est l'abondance, c'est dimanche, c'est la terre promise, c'est le*

1. En Amérique, surtout du Sud, on dit volontiers : *C'est Paris !*

meilleur moment de la journée, c'est de l'or en barre, c'est le bonheur, ainsi que *c'est la joie, c'est quelque chose, c'est vraiment extra, quelle aventure, quelle traversée, quel luxe, que c'est doux, que c'est dur* (avec une nuance d'admiration, et non pas de regret), et ces mots attachants que dit un jour une femme perspicace à son partenaire, au moment même où se précisait son plaisir : « Oui ! Tu es un homme ! »

Dans ce domaine également, les régionalismes sont admis. Si on veut plaire à l'indigène, ils sont même recommandés. On peut dire à Naples, *c'est le Vésuve* ! et à San Francisco *it's a Golden Gate* ! et à Delhi c'est le *Qtub Minar !* Avec un Espagnol, parlons *d'une grande faena* (il comprendra), avec un Italien, essayons *c'est dantesque, c'est fellinien*, et ne reculons pas devant quelques gestes. *Quelle tempête !* et *quel maelström !* seront appréciés par les marins, ainsi d'ailleurs que *Terre ! Terre !* ou *Alerte à tous les niveaux !*

Taïaut, taïaut ! conviendra aux chasseurs exclusivement. *Tu as la médaille d'or*, se dit en période de jeux Olympiques. *Tu iras en finale du super-bowl* ne marche qu'aux Etats-Unis.

V*rille*, *piqué* et *chute libre* sont à recommander pour les aviateurs, ainsi que le fameux *attachez vos ceintures !* Avec un paysan, parlons de *labour*, de *semence*. Avec un agent de police, ne craignons pas l'allusion au *bâton parfait*. Avec un artiste, ne reculons pas devant *le chef-d'œuvre*. Avec un esprit religieux, chantons *c'est Noël !*

Pour les amateurs de superlatifs (ou de nuances), citons *c'est grand, c'est shakespearien, c'est pharaonique, c'est galactique, il n'y a rien de meilleur au monde, surtout ne change pas de main, hardi petit, c'est le grand soir* (nuance politique), *tu fonces Alphonse* (familier), *ma maman m'en avait parlé, c'est l'idée, c'est là, c'est le bon chemin, c'est la bonne voie, c'est de la braise, je ne savais pas que ça existait* (sincère ou non). Une phrase qu'un ami sportif me certifia authentique, mais dans un milieu de cyclistes : « Tu pousses un braquet de vainqueur ! »

Tournant autour de l'idée du bon temps à prendre, et à prendre bien lentement, nous trouvons : *il n'y a pas d'urgence, pas d'affolement* et *y'a pas le feu. Ne prenons pas l'express* est une variante, avec cette précision délicate : *j'aime m'arrêter à toutes les gares.*

Un soir d'été, en 1952, marchant dans une rue de banlieue, j'ai entendu, par une fenêtre ouverte, une voix de femme avouer : « C'est mieux que tout, je te le jure ! » Tandis que je m'éloignais lentement, une voix d'homme lui répondit à trois reprises : « Vive l'amour ! »

Une autre fois, dans une autre rue, j'entendis une femme s'écrier, au comble de l'étonnement : « Mais qu'est-ce que c'est ? » et une voix d'homme lui répondre, impérative : « C'est comme ça et c'est pas autrement ! » Et puis plus rien.

Puisque nous en sommes au chapitre des ouï-dire, un de mes amis, naguère, me raconta qu'il avait entendu dans un hôtel de Châteauroux, au milieu de la nuit, dans une chambre voisine de la sienne, une voix d'homme qui ordonnait : « Dis-moi que tu es la femme de Marcel ! » et une voix de femme qui répondait, à plusieurs reprises, docile et tremblante : « Je suis la femme de Marcel ! »

Je vous livre cette anecdote telle qu'on me l'a rapportée. Si vous l'utilisez, je vous prie de changer le prénom.

Je vous rappelle également *la lune est bleue*, expression très américaine, et, parmi les phrases dites d'égarement, *je suis perdue, au secours, pouce, je me noie, non, pitié, tu me détruis, tu me terrorises, tu m'anéantis, tu m'effaces, je ne sais plus du tout où j'en suis, oh là là, je meurs, où es-tu ?, où est le soleil ?, voici le nuage.*

J'y ajoute *c'est le paradis*, et à l'opposé *voici le gouffre* (on peut préférer, dans le même esprit, *c'est divin* et *tu es un démon*). Je n'aurai garde d'omettre *mais qu'est-ce que tu fais ?* (question généralement sans réponse), *fais ce que tu veux, tout est à toi, maintenant ne pense qu'à toi, reste, pas tout de suite, attends encore* ou au contraire *viens, viens vite, j'ai envie* et *j'ai très envie*, voire *j'ai besoin, il me le faut, je n'en peux plus, tu me fais trembler, j'ai chaud, j'ai froid, j'ai mal, j'ai soif, j'ai peur, qu'est-ce que tu fais de moi ?, qu'est-ce que tu me fais faire ?* (là encore, on répond si on veut), *je n'entends plus rien, où ?, quoi ?, qu'est-ce que c'est encore ?, ça aussi ?, ce n'est pas possible !, je ne peux pas !, mais tu es fou !, je n'aurais jamais cru !, on se voit demain ?*

Il est également fréquent dans ces moments-là, me dit-on souvent, que l'on se traite à qui mieux mieux de noms réellement peu convenables. Coutume ancienne apparemment. J'en comprends l'intention (*je suis ceci, tu es cela*), mais comme ce paragraphe me paraît relativement facile à écrire, je le laisse à votre indiscrétion.

Je vous rappelle néanmoins quelques variantes intéressantes comme : *tu ne cherches qu'à m'humilier, tu me fais mal mais j'aime ça, tu me traites* (ou *traite-moi*) *comme une fille* (ou tout autre mot qui semblerait plus éloquent). On m'a rapporté comme authentiques : *sois compliqué, ne te refuse rien, cherche partout, tu m'as prise et tu m'as comprise.*

Il y a aussi *bravo, c'est bien ça, c'est exactement ça, tu as trouvé, tu es le meilleur* et un certain nombre de compliments qui s'accompagnent, quand la compagnie est bien élevée, de remerciements. Ajoutons *tu me fais faire n'importe quoi, je le savais en venant ici, tu aurais pu prévenir quand même, tu es un salaud, non, je ne t'ai pas dit d'arrêter, comment l'as-tu su ?, vraiment tu cachais bien ton jeu, je n'aurais jamais cru ça de moi, tu m'as devinée, tu sais tout, tu sais ce que j'aime et tu en profites, tu me salis, tu me déshonores, tu me fais honte et c'est bien bon.*

Enfin, sans vouloir artificiellement prolonger une liste qui de toute évidence est interminable, n'oubliez jamais, chaque fois que cela vous paraîtra possible, *regarde-moi* et *parle-moi*, qui mettent en jeu l'œil et la parole, éléments sans lesquels, de l'avis général, il manque quelque chose d'essentiel à l'érotisme.

Pour l'œil, vous n'y pouvez pas grand-chose. Tout dépend du metteur en scène et des interprètes. Pour la parole, j'ai fait de mon mieux pour vous servir.

Avec cette réserve, qu'on entend quelquefois : *c'est rien de le dire.*

Qu'ajouter ? Je ne veux pas entrer dans le domaine inquiet de la perversité, qui est fort étendu, dans ce que les bons pères appelaient autrefois « les luxures spéciales ». Ces pratiques sont peu populaires et les mots qui les décrivent sont généralement scientifiques et froids. Je ne les aime pas. La perversité commence parfois là où s'achève le plaisir. D'où ma réticence à pousser cette porte. Je ne suis pas un médecin, je suis un lexicographe. J'ai la chance, que peu de gens possèdent, de pouvoir définir avec précision mon royaume. Et d'y connaître peu de révoltes.

Naturellement, je n'ai parlé que des mots familiers, des mots connus, utilisés, des mots qui sont nos compagnons de vie. Il en est d'autres, qui sont des mots secrets, des mots privés. Ils ne sont parfois connus que de leur inventeur. Aussi est-il impossible de se servir de ces mots-là, que d'autres ne pourraient pas saisir.

Font-ils aussi partie de notre bien ? Oui, je le crois. Des lèvres humaines les prononcent. Ils sont à nous tous. Tous les mots sont à nous.

Voulez-vous un exemple ? Prenez un poète comme Henri Michaux, ouvrez dans *Transition*, à la page où se trouve *Rencontre dans une forêt*. Vous y trouvez ceci, qui peut vous étonner : « Il la déjupe ; puis à l'aise il la troulache, la ziliche, la bourbouse et l'arronvesse (lui gridote sa trilite, la dilèche). Il la ranoule et l'embouchonne, l'assalive, la bouzète, l'embrumane et la goliphatte. Enfin triomphant, il l'engangre ! »

Que vous souhaiter de mieux, en matière, au moins, de vocabulaire ?

Et maintenant, nous avons presque terminé.

A quoi servent les mots ? Parfois, je me le demande. A dire les choses d'une autre façon. C'est toujours ça. A nous aider à croire obstinément que la richesse des mots est signe indiscutable d'une richesse de l'esprit, et peut-être même du cœur.

Naturellement, chemin faisant, tout ce que l'on recueille est un sentiment d'insatisfaction.

Impossible d'aller au bout de quelque recherche : c'est la loi, ici comme ailleurs.

Plus particulièrement, en ce qui concerne une langue, on peut dire que plus on trouve et plus il reste à découvrir. A chaque mot, les perspectives s'élargissent, les lumières se courbent, des fantômes nous guettent. Au cœur de la mémoire des peuples dort un trésor très véritable, fait de dons anciens et modernes. Comme tous les trésors, il est à enrichir. C'est une pâte profonde, notre belle glaise natale. Ne la laissons pas se dessécher et dépérir, car nous disparaîtrions nous-mêmes.

Mais gardons-nous aussi, avec cette glaise, de composer un personnage imaginaire qui s'exprimerait comme mes lettres et, du même coup, cesserait de vivre.

Un grand travail pour cette balance délicate. Je me suis contenté de mots. Mais je ne suis pas un exemple.

Où en suis-je ?

Dans le monde hippique, où les analogies, nous l'avons vu, ne manquent pas, une séance amoureuse tout particulièrement réussie s'appelle *un parcours sans faute*.

L'ai-je accompli ? Je sais bien que non. Où ai-je vécu ? Je l'ignore.

J'ai mal aimé des mots. J'en ai oublié d'autres. Mais je sais que j'ai terminé. Je vous ai donné ce que je savais et j'en suis heureux, comme soulagé.

Dans certains domaines, notre langue est inépuisable. Ailleurs, elle me semble limitée. Par exemple, je ne vois qu'un mot pour dire : merci.

J'espère, mademoiselle, que vous êtes aimée.

Cet ouvrage a été composé par
Graphic Hainaut (Condé-sur-l'Escaut)
et imprimé sur presse Cameron
par **Bussière Camedan Imprimeries**
à Saint-Amand-Montrond (Cher)
pour le compte des éditions Plon
en octobre 2002

N° d'édition : 13561. — N° d'impression : 024584/1.
Dépôt légal : octobre 2002.
Imprimé en France

[illegible]